재/미/있/는
우리 사찰의 벽화이야기

사찰 벽화에 얽힌 재미있는 이야기

권 영 한 지음

전원문화사

목 차

머 리 말

사찰이 우리에게 주는 의미는 자못 큽니다.
우리가 무심히 지나치는 경내의 돌 하나, 나무 한 그루에도 그 나무를 심고 돌을 배치한 분의 큰 뜻이 담겨져 있는 것입니다.
그러므로 사찰에는 무엇 하나 예사롭지 않는 것이 없습니다. 전각 벽에 그려져 있는 벽화에도 그 하나 하나에 깊은 의미가 담겨 있는 것입니다. 그런데 대부분의 사람들은 그러한 벽화에 대해서 별로 주의를 기울이지 않고 그냥 지나쳐 버립니다.
2500여 년의 긴 역사를 가진 불교는 오랜 세월을 거쳐오면서 수많은 설화를 낳았으며 그 설화들은 지금까지 전해져 오고 있습니다. 신앙에 관한 이야기, 깨달음에 관한 이야기, 교리에 관한 이야기, 고승들의 행적에 관한 이야기 등 그 종류와 수에 있어서 정리가 곤란할 정도로 방대합니다.
그러한 이야기들 가운데 특히 중요하고 교훈이 될 만한 이야기들이 선택되어 벽화로 그려진 것입니다.
벽화는 말 그대로 벽에 그려진 그림입니다.
예로부터 전해지는 고찰의 벽은 대부분이 흙벽이고, 비바람에 노출되기 쉬운 여건에 처해 있었기 때문에, 벽화도 늘 훼손되기 쉬운 환경 속에 있었습니다. 역사적으로 귀중하고 가치 있는 벽화들이 많이 남아 있지 못한 것이 무척 유감입니다.
목판에 그려진 불화는 흙벽에 그려진 벽화보다 좀더 나은 상태로 보존되어 있기는 하지만, 우리나라의 건축 양식상 대부분이 흙벽이므로 목판으로 짠 벽 자체가 드물어서 나무에 그려진 불화는 극히 일부에 지나지 않습니다.

　그래서 본서에서는 벽화의 문화적·역사적 가치를 따지는 것보다는 벽화가 우리에게 주는 상징적 의미를 풀이하는 데 중점을 두고 있습니다.

　그리고 같은 내용의 그림이라도 그리는 화가의 표현 방법에 따라 여러 가지 다른 형태의 그림이 생겨날 수 있습니다. 이런 사정으로 이 책에서는 같은 내용의 벽화를 중복하여 다루면서 각각의 이해를 돕고자 하였습니다.

　뿐만 아니라 불교 설화가 다양하고, 또한 비슷한 내용이 많아서 정확히 그 내용의 뿌리를 밝히는 데에는 여러 가지 어려움이 따랐습니다.

　벽화의 내용을 정확히 하기 위해서 벽화를 그린 화가를 만나 그 뜻을 직접 확인해야 했던 경우도 많았습니다. 그러나 대부분의 벽화는 그 작가가 고인이 되었거나 행방을 알 수 없었습니다.

　그래서 경전과 불교 설화집 등의 문헌 연구와 스님들의 자문을 얻어서 본래의 뜻에 벗어나지 않게 하려고 하였습니다.

　본문에 실려 있는 약 300장의 원색 사진은 현존하는 전국의 모든 사찰 벽화 대부분을 수록한 것입니다. 개중에는 한 장의 벽화 사진을 얻기 위해서 수백 리의 길을 물어 물어 찾아가는 어려움이 있었습니다. 또한 한 장의 벽화가 지닌 의미와 배경을 살피기 위해 수많은 인연을 찾아다니던 일도 있었습니다.

　아무쪼록 독자들의 선행과 사찰의 벽화를 이해하는 데 조금이나마 도움이 된다면 무한한 보람으로 생각하겠습니다.

　끝으로 이 책의 출판을 위해서 교정, 편집, 자료 제보 등 여러모로 도와 주신 많은 스님들, 특히 직접 편집에 관여해서 많은 수고를 해주신 기성(器成) 스님에게 깊은 감사를 드립니다.

1995년 8월 10일

권 영한 씀

차 례

🪷 첫번째 이야기 ▶ 석가모니의 일대기

1. 연등불에게 꽃을 바치는 전생의 석가모니 · 12
2. 성도(成道)를 방해하는 마왕 · 14
3. 물병을 움직이려는 마군(魔軍) · 16
4. 석가모니에게 흙을 공양한 아이 · 17
5. 난타(難陀)의 출가 · 18
6. 머리카락을 잘라 공양한 여인 · 19
7. 선혜 동자(善慧童子)와 구리 천녀(拘利天女) · 20
8. 관 밖으로 나온 석가모니의 두 발 · 22
9. 흰 뼈와 검은 뼈 · 25
10. 설산 동자(雪山童子)의 구법(求法) · 27
11. 천민을 제도하는 석가모니 · 28
12. 수자타에게서 우유 공양을 받는 태자 · 32
13. 석가모니와 조마사(調馬師) · 34
14. 중생을 제도하는 석가모니 · 35
15. 염화(拈花)와 미소(微笑) · 37
16. 석가모니의 열반 · 38

🪷 두번째 이야기 ▶ 부모은중경(父母恩重經)

1. 나를 잉태하시고 지켜 주신 은혜 · 41
2. 해산에 임하여 고통을 받으신 은혜 · 42
3. 자식을 낳았다고 근심을 잊어 버리는 은혜 · 43
4. 입에 쓰면 삼키고 단 것이면 뱉어서 먹이신 은혜 · 44
5. 마른자리에 아기를 눕히고 진자리에 누우신 은혜 · 45
6. 젖을 먹여 길러 주신 은혜 · 46
7. 깨끗하지 못한 것을 씻어 주신 은혜 · 47
8. 자식이 멀리 가면 생각하고 염려하시는 은혜 · 48

9. 자식을 위해 나쁜 일을 하시는 은혜 · 49
10. 끝까지 자식을 사랑하는 은혜 · 50

🌸 세번째 이야기 ▶ **지장 보살과 지옥**

1. 고통받는 중생을 구하러 지옥에 가는 지장 보살 · 52
2. 도솔천(兜率天)에서 온 지장 보살 · 54
3. 지옥의 옥졸(獄卒) · 55
4. 발설 지옥(拔舌地獄) · 56
5. 화탕 지옥(火湯地獄) · 58
6. 도산 지옥(刀山地獄) · 60
7. 정철 지옥(釘鐵地獄) · 61
8. 거해 지옥(鉅解地獄) · 62
9. 독사 지옥(毒蛇地獄) · 63
10. 무간 지옥(無間地獄) · 64
11. 업경대(業鏡臺)에 비친 지난 일들 · 65

🌸 네번째 이야기 ▶ **팔상도(八相圖)에서 파생된 벽화**

1. 강도솔상(降兜率相) · 69
2. 비람강생상(毘藍降生相) · 71
3. 사문유관도(四門遊觀圖) · 74
4. 유성출가상(踰城出家相) · 76
5. 설산수도상(雪山修道相) · 77
6. 수하항마상(樹下降魔相) · 78
7. 녹원전법상(鹿苑傳法相) · 80
8. 쌍림열반상(雙林涅槃相) · 81

🌸 다섯번째 이야기 ▶ **심우도(尋牛圖)**

1. 심우(尋牛) · 85
2. 견적(見跡) · 87
3. 견우(見牛) · 89
4. 득우(得牛) · 91
5. 목우(牧牛) · 93
6. 기우귀가(騎牛歸家) · 95
7. 망우존인(忘牛存人) · 97
8. 인우구망(人牛具忘) · 100

9. 반본환원(返本還源)·102
　10. 입전수수(入廛垂手)·104

여섯번째 이야기 ▶ 벽화에 나오는 동물들

　1. 얼룩사슴과 야자사슴·108
　2. 매의 본생·110
　3. 태양과 달리기 시합을 한 두 거위·112
　4. 호랑이와 사랑을 한 김현·114
　5. 호랑이를 감동시킨 도효자·116
　6. 은혜 갚은 호랑이·117
　7. 천마(天馬)·119
　8. 백련(白蓮) 선사와 호랑이·120
　9. 현무(玄武)·122
　10. 백호(白虎)·123
　11. 해태·124
　12. 흰 코끼리·125
　13. 금시조(金翅鳥)·127
　14. 선학(仙鶴)이 들은 현벽(玄壁) 스님의 법문·129
　15. 용이 된 물고기·130
　16. 봉황(鳳凰)·131

일곱번째 이야기 ▶ 십이지신(十二支神)

　1. 자신장(子神將)·135
　2. 축신장(丑神將)·136
　3. 인신장(寅神將)·138
　4. 묘신장(卯神將)·139
　5. 진신장(辰神將)·141
　6. 사신장(巳神將)·142
　7. 오신장(午神將)·144
　8. 미신장(未神將)·145
　9. 신신장(申神將)·147
　10. 유신장(酉神將)·148
　11. 술신장(戌神將)·150
　12. 해신장(亥神將)·151

여덟번째 이야기 ▶ 관세음 보살(觀世音菩薩)

1. 연꽃이 핀 바위 위의 백의 관음 · 156
2. 한손에 버들가지를 든 백의 관음 · 157
3. 한 잎 연꽃을 타고 바다를 건너는 관음 · 159
4. 협부(挾府)의 미녀 관음화신(觀音化身) · 161
5. 조신(調信)의 꿈 · 164
6. 바람 되어 화재를 막은 관세음 보살 · 167
7. 무위사수월관음도(無爲寺水月觀音圖) · 169
8. 빈 병에 물이 차고 버들가지가 자라나다 · 171
9. 강을 건네준 관세음 보살 · 173
10. 관음을 예배하는 용왕과 남순 동자 · 175

아홉번째 이야기 ▶ 호법신장(護法神將)과 천인(天人)

1. 사천왕(四天王) · 180
2. 금강역사(金剛力士) · 182
3. 천인(天人), 비천(飛天) · 185

열번째 이야기 ▶ 성문(聲聞)과 보살(菩薩)

1. 흰 코끼리를 탄 보현 보살 · 190
2. 문수 보살(文殊菩薩) · 191
3. 귀자모신(鬼子母神) · 193
4. 문수 동자의 도움으로 병을 고친 왕자 · 195
5. 선해 선인과 연등불 · 197
6. 미륵불에 전할 가사를 들고 입정에 든 가섭 존자 · 198
7. 문수 동자와 세조 · 199
8. 화엄변상도(華嚴變相圖) · 201
9. 법화변상도(法華變相圖) · 203
10. 도솔하강도(兜率下降圖) · 204

열한번째 이야기 ▶ 고승(高僧)과 선사(禪師)

1. 팔을 끊어 믿음을 바친 혜가(慧可) · 208
2. 죽은 지 3년 만에 다시 살아난 달마 · 210
3. 달마 대사가 강 위를 걸어 건너오다 · 212
4. 달마 대사의 고약한 인상 · 213

5. 임제(臨濟) 스님의 웃음·214
6. 원효 대사(元曉大師)와 의상 대사(義湘大師)·216
7. 홍인(弘忍) 대사와 혜능(慧能) 대사의 대화·217
8. 오어사(吾魚寺)의 유래·219
9. 기인(奇人) 한산(寒山)·220
10. 섬이 배로 변하다·223
11. 법의(法衣)를 뺏으려는 도명 스님·224
12. 법을 받는 육조(六祖) 혜능 대사(慧能大師)·226
13. 노힐부득(努肹夫得)과 달달박박(怛怛朴朴)·228
14. 혜통(慧通) 스님의 구법·230
15. 조과 선사(鳥窠禪師)와 백락천(白樂天)·231
16. 신통력으로 불을 끈 진묵 대사(震默大師)·232
17. 아난 존자(阿難尊者)의 득도·233
18. 원효 대사(元曉大師)와 해골·234
19. 순교자 이차돈(異次頓)의 죽음·236
20. 부설 거사(浮雪居士)·238
21. 포대화상(布袋和尙)·240
22. 한산(寒山)과 습득(拾得)·242
23. 여의주를 얻은 의상 조사(義湘祖師)·244
24. 홀로 도를 깨친 나반 존자(那畔尊者)·246
25. 학을 탄 왕교(王喬)·247
26. 찬즙 대사(贊汁大師)와 관음 바위·248
27. 대전 선사(大顚禪師)와 한유(韓愈)·250

열두번째 이야기 ▶ 기타 설화

1. 등에 나무가 난 물고기·254
2. 원융삼점(圓融三点)·257
3. 오운산(五雲山) 속명사(續命寺)의 창건 설화·259
4. 흰 쥐와 검은 쥐·260
5. 아들을 찾기 위해 발을 씻어 주는 양개화상(良介和尙)의 어머니·262
6. 고시레·264
7. 바보 지팡이·265
8. 불교에 귀의한 상산사호(商山四皓)·267
9. 진심(嗔心)을 고친 사나이·268
10. 사미(沙彌)와의 약속·269
11. 목신(木神) 이야기·271

12. 두 글자를 깨치지 못한 사미(沙彌) · 273
13. 용궁에서 온 강아지 · 275
14. 불도(佛道)를 닦는 백수공(白鬚公) · 277
15. 불공을 드려서 얻은 자식 · 279
16. 스님과 신선의 바둑 내기 · 281
17. 구품상생도(九品上生圖) · 282
18. 무인도에 버려진 형제 · 283
19. 불도(佛道)를 닦는 신선들 · 286
20. 다자탑전 반분좌(多子塔前半分座) · 290
21. 관세음 보살님의 도움 · 293
22. 독룡(毒龍)을 길들인 부처님 · 294
23. 조개 속에 나타난 관세음 보살 · 297
24. 구정(九鼎) 스님의 구도심 · 299
25. 천룡(天龍) 화상의 법손과 구지 화상(俱胝和尙) · 303

🌸 마지막 이야기 ▶ 불화 상식

■ 참고 문헌 · 316

첫번째 이야기

석가모니의 일대기

석가모니의 일대기

석가모니는 우리와 함께 이 사바 세계에서 생로병사를 몸소 겪은 역사적인 분이다. 그리고 사실상 불교의 교주이다.

또한 그 분에 대한 이야기도 많고 그 분의 가르침 또한 한없이 크고 넓다.

그러므로 사찰의 벽화에도 석가모니에 대한 모습이 다양하게 드러나고 있다.

일반적으로 보이는 벽화는 대체로 다음과 같다.

1. 연등불에게 꽃을 바치는 전생의 석가모니

석가모니가 전생에 부처가 되기 위해 수행을 하고 있을 때의 이야기다.

어느 날 연등불(燃燈佛)이 오신다는 이야기를 들은 유동(儒童, 당시의 석가 여래의 이름)은 모든 것을 버리고 연등불이 오시는 곳으로 달려갔다. 그리고 연등불에게 무엇을 공양하면 좋을까 생각했다.

그런데 마침 한 처녀가 손에 꽃을 들고 있는 것이 보였다.

유동은 그 처녀에게, 연등불에게 바치고 싶으니 그 꽃을 자기에게 달라고 부탁을 하였다. 그랬더니 처녀는 꽃을 주는 대가로 내세에는 자신을 부인으로 맞이해 달라고 부탁하였다.

첫번째 이야기 · 석가모니의 일대기 13

　유동은 기꺼이 승낙하고, 그 꽃을 받아 처녀와 함께 연등불 앞에 나아가서 오화(五華) 연꽃을 연등불에게 바치고 절을 하였다. 그리하여 내세에는 부처가 되리라는 구체적인 수기(授記)를 받았다.

2. 성도(成道)를 방해하는 마왕

　태자는 보리수 나무 밑에 앉아서 내심(內心)의 깊은 성찰(省察)에 몰두하여 모든 것이 연기(緣起)한다는 도리를 관찰하였다.
　이 세상의 모든 것은 조건에 의해서 생성된다는 것인데, 이 절대적인 진리가 연기의 법칙이다.
　그리하여 마침내 깨달음을 얻어 부처가 되려는 순간이 바로 눈앞에 다가왔다. 온 세상이 기뻐하고 경축해야 할 일이었다.

그러나 마왕 파순(波旬, Mara papiya)만은 태자의 성도를 방해하기 위해서 태자의 정신을 산란하게 만들어야겠다고 생각했다. 그리하여 그의 수하의 마군(魔軍)을 태자가 수행하고 있는 보리수 밑으로 보내어 태자를 공격하도록 했다.

그러나 태자는 태산반석과 같은 태도로 끄떡도 하지 않고 마군을 물리쳤다.

일차 방해 공작에 실패한 파순은 이번에는 부하들을 아름다운 여인으로 둔갑시켜 태자 곁으로 보내 노래를 부르고 춤을 추며 온갖 교태로 태자의 성도를 방해하게 했다.

그러나 그러한 시도도 역시 실패하고, 태자는 드디어 무상정등정각(無上正等正覺)을 이루고 성불하였다. 그리하여 영원한 인류의 스승이 되었다.

3. 물병을 움직이려는 마군(魔軍)

보리수 밑에 정좌한 태자는 도를 깨치기 전에는 결코 이 자리를 뜨지 않으리라는 굳은 결심을 하였다.

그리하여 각고의 노력 끝에 이제 성도(成道)할 시기가 바로 눈앞에 다가왔다.

이것을 안 마군들은 태자의 성도를 방해하려고 태자 곁에 몰려들어 온갖 못된 짓을 행하였다. 그러나 태자의 수행을 중지시킬 수는 없었다.

태자는 작은 물병 하나를 무릎 앞에 세워 놓고 미친 듯이 날뛰는 마군들에게 말하였다.

"이 물병을 움직여 보아라. 만일 너희들이 이 물병을 움직일 수 있다면 너희들의 뜻에 따라 성도를 포기할 것이고, 만일 움직이지 못한다면 너희들은 내 뜻에 따라 즉시 물러가서 다시는 내 수도를 방해하지 말라."

마군은 그까짓 물병 하나쯤이야 하면서 서로 달려들어 손으로 잡고 움직이려 했으나 물병은 꼼짝도 하지 않았다.

그래서 이번에는 물병에 밧줄을 걸고 수많은 마군이 일제히 당겨 보았으나 물병은 여전히 꼼짝도 하지 않았다. 그제서야 겁을 집어먹은 마군은 슬금슬금 꽁무니를 빼더니 도망쳐 버렸다.

4. 석가모니에게 흙을 공양한 아이

석가모니가 기원정사에 있을 때였다.

어느 날 제자들과 성 안을 돌아다녔다. 도중에 길가에서 소꿉장난을 하는 두 아이를 발견하게 되었는데, 나뭇잎으로 반찬도 만들고 흙으로 밥도 지으며 놀던 아이들은 너무나 재미가 있어서 그들 곁에 누가 오는지도 몰랐다.

그런데 두 아이가 문득 고개를 들어보니 석가모니가 옆에 와서 그들이 놀고 있는 모습을 바라보며 웃고 있었다.

아이들은 황급히 석가모니에게 절을 하였다. 그리고 지금까지 소꿉장난으로 지은 모래 밥과 나뭇잎 반찬을 석가모니에게 바쳤다.

석가모니는 웃으면서 그들이 바치는 모래 밥과 나뭇잎 반찬을 기꺼이 받았다.

한 아이는 그 공덕으로 나중에 왕이 되었고, 또 다른 아이는 후일에 유명한 장군이 되었다고 한다.

5. 난타(難陀)의 출가

석가모니에게는 배다른 동생이 있었다.

난타(Nanda)라는 이름의 그 동생은 가비라성의 왕자였으며 착하고 온순한 사람이었다.

그에게는 '손타라'라고 하는 아주 아름다운 아내가 있었는데 난타는 아내를 무척 사랑해서 늘 아내 곁에 있기만을 좋아했다.

석가모니가 출가해서 영원한 생명을 얻으라고 아무리 권해도 난타는 아내가 그리워서 출가할 수가 없었다. 그래서 석가모니는 난타를 데리고 극락 세계로 갔다.

그리하여 극락 세계의 화려하고 아름다우며 행복한 삶을 일일이 구경시켰다. 그리고 지옥에도 데려가서 지옥에서 고통받는 많은 죄인들의 처참한 모습도 구경시켰다.

다시 사바 세계로 돌아온 석가모니는 난타에게 출가해서 도를 닦으면 극락에 태어나서 영원한 복락을 누리게 되고, 출가하지 않고 죄를 지으면 지옥에 떨어져서 무한 겁 동안 고통을 받게 된다는 것을 친절히 일깨워 주었다.

그리하여 난타는 깨달음을 얻고 출가하게 되었다.

6. 머리카락을 잘라 공양한 여인

석가모니가 사위국 기원정사에서 설법하고 있을 때였다.

많은 사람들이 석가모니의 설법을 듣고 깨달음을 얻어 편안하고 행복한 삶을 얻게 되었다.

그래서 다투어 석가모니 앞에 나아가 여러 가지 귀한 물건을 공양했다.

그때 쇼우군성 밖에 '마리카'라고 하는 한 가난한 여인이 있었다.

그녀는 마음씨가 무척 착해서 불쌍한 사람을 보면 자비심을 발휘하여 무엇이든 자기가 가진 것으로 모두 도와주었다. 그래서 마리카는 항상 가난하고 궁핍하게 살고 있었으나 한번도 자신의 행동을 후회하지 않았다.

어느 날 마리카는 석가모니가 오셨다는 이야기를 들었다.
그러나 아무리 생각해도 석가모니께 공양할 만한 물건이 없었다.
그래서 마리카는 자신의 긴 머리카락을 잘라서 팔았다. 그리고 그 돈으로 공양할 물건들을 사서 정성껏 갖추어 석가모니 앞에 바쳤다.
이것을 본 석가모니는 "정성 없이 바치는 풍부한 물질보다 마리카가 바치는 정성스런 공양이 더욱 빛난다."라고 하였다. 그리고 마리카는 이 공덕으로 다음에 쇼우군 대왕의 왕비로 태어나서 행복하고 부유한 일생을 살게 되었다.

7. 선혜 동자(善慧童子)와 구리 천녀(拘利天女)

아득히 먼 과거의 일이다.
세상에 연등불이 오신다는 소식이 전해지자 세상 사람들은 다투어 연등불을 맞이할 준비를 하였다.
석가모니의 전생인 선혜 동자도 연등불에게 바칠 연꽃을 구하려고 사방으로 수소문했으나 연꽃은 이미 다른 사람들의 손에 들어가 버리고 남아 있는 것이 한 송이도 없었다.
늦기 전에 꼭 연꽃을 구해야 하는 선혜 동자는 울상이 되어 사방으로 꽃을 찾아 뛰어다녔다.
그런데 우연히 세상에서 가장 아름다운 청연화(靑蓮花) 일곱 송이를 가진 구리 천녀라는 여인을 길가에서 만났다.
동자는 뛸 듯이 기뻤다. 그래서 동자는 천녀에게 자기가 가진 전재산인 은전 500냥을 줄 터이니 그 연꽃을 자기에게 팔라고 말하였다.
천녀는 선혜 동자의 말을 듣고 그렇게 많은 돈을 주고 이 꽃을 사서 무엇을 하려 하는가 하고 물었다.

　동자는 꽃을 연등불에게 바치고 연등불로부터 내세에 성불할 수기를 받기 위해서라고 대답하였다. 또 자기 일신의 안락을 위해서가 아니고 고통에서 허덕이는 많은 중생을 구제하기 위해서 성불하려 하는 것이라고 설명하였다.
　구리 천녀는 그 말을 듣고 한동안 동자를 바라보고 있다가 조용히 말하였다.
　"나는 이 꽃을 그대에게 그냥 드리겠습니다. 그런데 내게도 한 가지 소원이 있습니다. 내 소원은 다름이 아니라 좋은 남자를 만나 결혼을 하는 것입니다. 그러니 동자께서 나와 결혼해 주시면 좋겠습니다."
　그러나 동자는, "나는 이미 수행자의 길을 걷고 있는 몸이므로 지금 당장 결혼하는 것은 곤란합니다. 하지만 만일 내세에서 만나 결혼을 한다 해도 다시 수행을 위해 출가할 때는 언제라도 헤어질 수 있다는 조건이라면 구리 천녀의 요구를 받아들이겠습니다."라고 말하였다.

이미 선혜 동자에게 반해 버린 구리 천녀는 그에 따르겠다고 하면서 일곱 송이의 꽃을 동자에게 주었다. 그리고 다섯 송이는 선혜 동자의 뜻에 따라 쓰고 두 송이는 자기의 사랑을 위해 바쳐 달라고 말하였다.

선혜 동자는 꽃을 받아 나는 듯이 뛰어서 연등불에게 달려갔다.

그 후 몇 겁의 세월이 흘렀다.

선혜 동자는 이 세상에 싯달타 태자로 태어나서 도를 이루어 부처가 되었고, 구리 천녀는 아쇼다라 공주로 태어나서 태자의 비가 되었다 한다.

그리하여 두 사람은 서로 만나 결혼은 했으나 전생에서 맺은 약속대로 태자가 성불하자 서로 부부의 인연을 끊어 버렸다고 한다.

8. 관 밖으로 나온 석가모니의 두 발

지금으로부터 약 2500여 년 전, 석가모니는 여러 제자들을 데리고 구시니가라성 밖의 무성한 사라수숲으로 천천히 발길을 옮겼다.

발길을 옮기면서도 계속 주위를 살피며 무엇인가 찾는 듯, 혹은 누군가를 기다리듯 마음이 편안해 보이지 않았다.

이제 멀지 않아 이 사바 세계에서의 모든 인연을 끊고 영원하고 완전한 해탈의 길을 얻는 무여열반(無餘涅槃)의 길에 오를 때가 바로 눈앞에 다가왔는데도 기다리던 제자 가섭 존자가 오지 않았기 때문이었다.

석가모니는 마침 포교 활동을 하러 먼 곳에 가 있던 10대 제자 중의 한 사람인 가섭 존자와 마지막 작별을 고하고자 그가 오기를 애타게 기다리고 있었던 것이다.

그러나 끝내 기다리던 가섭 존자는 오지 않았고, 석가모니는 아쉬움을 안은 채 열반에 들었다.

슬픔에 잠긴 여러 제자들은 당시의 장례법에 따라 석가모니를 관 속에 안치하고 화장을 하려고 관을 불 위에 올려 놓았다.

그런데 이상하게도 관은 불에 타지 않았고 불은 모두 꺼져 버리고 말았으며, 관을 옮기려 해도 꿈쩍도 하지 않았다.

뒤늦게 멀리서 석가모니가 열반에 들었다는 말을 듣고 허둥지둥 달려온 가섭 존자는 석가모니의 관을 붙들고 한없이 울었다.

그러자 갑자기 관에 구멍이 뚫리고 석가모니의 두 발이 관 밖으로 불쑥 나와 가섭 존자를 맞이하였다.

가섭 존자는 석가모니의 두 발에 얼굴을 비비며 두 발을 가슴에 안고 통곡하였다.

오랜 시간이 흘렀다.

석가모니의 마음과 가섭 존자의 마음이 이어져서 이심전심(以心傳

心)으로 슬픈 이별의 정을 나누게 되었다.

　그러자 이상하게도 관이 움직이기 시작하였다.

　그 후에는 아무 일 없이 장례가 순조롭게 진행되었다.

　석가모니는 가섭 존자를 기다리고 있었던 듯했다.

9. 흰 뼈와 검은 뼈

　석가모니는 여러 제자들과 함께 길을 가다가 풀이 무성한 산속에서 땅에 흩어진 사람의 뼈 한 무더기를 발견하고는 정중히 엎드려 절을 하였다.
　그때 곁에 있던 제자 아란이 이를 보고 이상하게 여기며 석가모니에게 물었다.
　"세존님, 세존님께서는 삼계(三界)의 도사요, 사생(四生)의 자부이신데 어찌하여 그런 해골바가지에게 절을 하십니까?"
　"아란이여, 네가 출가하여 나를 따른 지 이미 오래인데 어찌하여 아직도 이런 도리를 모르느냐? 저 해골이 전날 내 부모 형제가 아니고 누구이겠는가? 지금 이 속에는 옛날 나의 아버지의 뼈와 어머니의 뼈가 섞여 있구나."

"무엇을 보시고 어머니와 아버지의 뼈를 구별하십니까?"

"어머니의 뼈는 검고 가볍고 아버지의 뼈는 희고 무겁다. 어머니는 한 번 자식을 낳을 때마다 서 말 석 되의 피를 흘리고, 그 자식을 기르는데 여덟 섬 네 말의 젖을 먹이는 까닭이며, 수태로부터 생육에 이르기까지 뼈를 깎는 고통을 겪기 때문이다. 사람에게는 네 가지 은혜가 있으나 부모님의 은혜보다 더 중한 것은 없다."

석가모니는 말을 마치고 흩어진 뼈를 한곳에 모아 고이 땅에 묻어 주었다.

부모님의 은혜와 사랑을 일깨워 주기 위하여 석가모니는 그 많은 제자들 앞에서 손을 모으고 뜻을 거두어 해골더미에 공손히 절을 하였던 것이다.

잘 생각해 보면 사람의 삶이란 일생 일대에 그치는 것이 아니다.

중중무변법계연기(重重無邊法界緣起)의 도리가 항상 우리가 사는 법계(法界)에 충만해 있는 것이다.

10. 설산 동자(雪山童子)의 구법(求法)

설산 동자는 설산 대사(雪山大士)라고도 하는데, 석가모니가 아득한 과거의 세상에서 보살인행(菩薩因行)할 때 눈 쌓인 산에서 수행

하던 시절의 이름이다.

설산 동자는 오로지 해탈의 도를 구하기 위해서 가족도 부귀영화도 모두 버리고 설산에서 고행을 하고 있었다.

이를 본 제석천(帝釋天)은 설산 동자의 이와 같은 구도의 뜻을 시험해 보려고 아주 무서운 살인귀인 나찰의 모습으로 둔갑하여 하늘나라에서 설산으로 내려왔다.

그리고 설산 동자에게 가까이 가서 지난날에 석가모니가 설법한 게송(偈頌) 가운데 "제행무상(諸行無常)하니 시생멸법(是生滅法)이라."는 게문(偈文)의 반만 읊어 주었다.

이 게송(偈頌)을 들은 설산 동자의 마음은 비길 데 없이 기쁘고 환희로웠으며 깨달음의 등불이 바로 눈앞에 다가오는 것만 같았다.

"지금 게송을 설한 분은 누구십니까?"

고행을 하던 설산 동자는 자리에서 일어나 주위를 살펴봤다. 그러나 거기에는 무서운 나찰 이외에는 다른 사람이라고는 아무도 없었다.

설산 동자는 나찰에게 물었다.
"지금 게송의 반을 읊은 자가 바로 그대인가?"
"그렇다."
"그대는 어디서 과거 석가모니께서 설하신 게문을 들었는가? 나에게 그 나머지 반도 마저 들려 주기 바란다. 만일 나를 위해서 게송의 전부를 들려 준다면 평생 그대의 제자가 되리다."
"그대, 바라문이여! 그렇게 물어 봐도 아무 소용이 없단다. 나는 벌써 며칠이나 굶어 허기에 지쳐서 말할 기력조차 없기 때문이다."
"그렇다면 그대가 먹는 것은 무엇인가?"
"그것은 묻지 않는 것이 좋을 것이다. 단지 사람들을 무섭게 할 뿐이니까."
"여기에는 너와 나밖에 없으니 어서 말해 보아라."
"정 그렇다면 말하지. 내가 먹는 것은 오직 사람의 살이고, 마시는 것은 사람의 피다."
설산 동자는 한참 동안 생각하였다. 그리고 조용히 입을 열었다.
"좋다. 그렇다면 그 뒤의 나머지 게송을 마저 들려다오. 그 반을 듣기만 한다면 나는 이 몸뚱이를 기꺼이 그대의 먹이로 바치리라."
"어리석도다. 그대는 겨우 여덟 글자의 게송을 위해서 목숨을 바치려 하는가?"
"참말로 그대는 무지하구나! 옹기 그릇을 깨고 금 그릇을 얻는다면 누구라도 기꺼이 옹기 그릇을 깰 것이다. 무상한 이 몸을 버리고 금강신(金剛身)을 얻으려는 것이니 게송의 나머지 반을 들어서 깨달음을 얻는다면 아무런 후회도 미련도 없다. 어서 나머지 게송이나 들려다오."
나찰은 지그시 눈을 감고, 목소리를 가다듬어 나머지 게문을 읊었다.
"생멸멸이(生滅滅已)이면 적멸위락(寂滅爲樂)이니라."

나머지 게문을 읊은 나찰은 지체 없이 설산 동자의 몸을 요구하였다. 이미 죽음을 각오한 설산 동자는 죽음이 두려운 것은 아니었다.

그러나 그대로 죽으면 세상 사람들이 이 귀중한 진리를 알 수 없어서 전혀 도움이 되지 않으니 '제행무상(諸行無常) 시생멸법(是生滅法) 생멸멸이(生滅滅已) 적멸위락(寂滅爲樂)'이라는 게송을 세상 사람들에게 남기기로 결심을 했다.

그래서 바위나 돌, 나무, 길 등에 이 게송을 많이 써 두었다.

그리고 높은 바위 위로 올라가서 나찰이 있는 곳을 향해 허공으로 몸을 던졌다.

그러나 설산 동자의 몸이 땅에 떨어지기 전에 나찰은 다시 제석천의 모습으로 돌아와서 커다란 손으로 설산 동자를 받아 땅 위에 고이 내려놓았다.

그리하여 제석천을 비롯하여 모든 천상의 사람들은 설산 동자 발 아래에 엎드려 찬미하였다.

제행무상(諸行無常) … 이 세상의 모든 것은 무엇이든 한결 같음이 없도다.
시생멸법(是生滅法) … 이것이 바로 생멸하는 우주 만물 속에 내재해 있는 진정한 법칙이다.
생멸멸이(生滅滅已) … 그러므로 생하고 멸하는 것마저 이미 멸해 버린다면
적멸위락(寂滅爲樂) … 고요하고 고요한 진정한 열반의 즐거움을 얻게 되리라.

11. 천민을 제도하는 석가모니

석가모니가 설법을 하러 지나다가 하루는 아난 존자와 함께 작은 마을의 거리를 걷고 있었다.

그때 인분통을 메고 다가오는 사람이 있었다. 그는 '니이다'라는 천민 중의 천민에 속하는 사람으로 몸에서는 냄새가 나고 옷은 남루하였으며 얼굴에는 때가 꼬질꼬질 끼어 있었다.

그는 석가모니를 보자 더러운 냄새를 풍기지 않으려고 급히 다른 곳으로 피하려 하였다.

석가모니가 니이다 곁으로 다가가자 니이다는 당황한 나머지 인분

통을 엎어서 인분을 뒤집어썼다.

　석가모니는 인분을 뒤집어쓴 그의 손을 잡아 일으키며 말하였다.
　"어서 일어나라, 니이다여. 함께 강물에 가서 몸을 씻자꾸나."
　"저처럼 천한 사람이 어찌 감히 함께 가겠습니까?"하고 니이다는 사양했다.
　"염려 마라, 니이다여. 모든 사람은 귀하고 천한 것이 없고 모두 평등하며 하나이니라."
　석가모니는 아난과 함께 니이다를 강물에 데리고 가서 깨끗이 씻어 주고 기원정사로 데리고 갔다.
　불교의 일미평등(一味平等) 사상은 누구에게나 차별을 두지 않는 데 있다. 그 후 니이다는 석가모니의 가르침을 받고 출가하여 훌륭한 제자가 되었다.

12. 수자타에게서 우유 공양을 받는 태자

태자는 눈 쌓인 산속에서 6년간이나 도를 이루기 위해 고행을 하였다. 그러나 어느 날 그 동안의 수행에 대해서 문득 회의가 생겼다.

'육체를 의식적으로 괴롭힌다는 것은 도리어 육체에 그만큼 집착하고 있다는 반증이 아닌가! 육체에 관심을 두기보다는 차라리 마음을 고요히 바르게 가누는 데에 힘씀으로써 자연스러운 육체의 정화도 가능한 것이 아닌가?'

태자는 단식을 그만두기로 했다. 곧 고행도 중지하였다.

그리고 너무나도 더러워진 몸을 깨끗하게 하기 위하여 나이란자나강으로 내려가서 몸을 씻었다.

목욕을 마치고 강가에서 지친 몸을 잠시 쉬고 있을 때 마침 양을 치는 수자타라는 처녀가 이곳을 지나다가 몹시 지쳐 있는 수행자, 즉 태자를 발견하고 정성스럽게 우유죽을 공양하니 오랜 단식 후에 마시는 우유는 단순한 우유 그 이상이었다.

천상에나 있다는 감로(甘露)가 이럴지도 모른다는 생각이 들 정도로 정말 감미로운 것이었다.

그 한 그릇의 우유로 그는 기운을 얻었다.

『아함경』

13. 석가모니와 조마사(調馬師)

　어느 날 석가모니가 길을 가다가 야생마를 잘 길들이는 조마사를 만났다.
　이때 석가모니는 제자들을 보고 다음과 같은 말씀을 하셨다.
　"야생마도 여러 가지 성품이 있어서, 어떤 말은 쉽게 길들여지는 것이 있는가 하면 어떤 말은 아무리 애를 써도 길들여지지 않는 말도 있다. 그와 마찬가지로 사람들도 쉽게 교화할 수 있는 사람이 있는가 하면 도무지 교화할 수 없는 사람도 있다. 다음과 같은 중생은 길들여지지 않는 야생마처럼 제도(濟度)할 수 없는 중생들이다.

첫째가 원을 세우지 않는 중생들이고(無願衆生濟度不能),
둘째는 인연이 없는 중생들이다(無緣衆生濟度不能)."

14. 중생을 제도하는 석가모니

 호화로운 궁중 생활을 버리고 한낱 걸식의 사문(沙門)이 되었던 고타마가 오랜 수행 끝에 드디어 성도(成道)하여 부처가 되었다.
 그리하여 보리수 아래에 앉은 채 형언할 수 없는 기쁨에 잠겨 있었다. 그에게는 비로소 목적을 달성하였다는 만족감과 기쁨이 충만해 있을 따름이었다.
 그는 자기가 깨달은 진리가 너무 깊고 어려워 중생들이 이해할 수

없을까봐 두려웠다. 그래서 그가 깨달은 바를 아무에게도 말하지 않으려 했다. 그때 범천이 이 사실을 알고 그 진리와 그 만족감이 자신만의 것으로 끝나서는 안 되며 넓게 가르침을 펴라고 권고하였다.

  자신이 성불한 기쁨과 만족감으로 혼자 법열(法悅)에만 젖어 있다면 그것은 진실로 정각자(正覺者)인 부처가 취할 태도라고 할 수 없을 것이다.

  그리하여 그는 분연히 자리를 박차고 일어나 가르침을 펴기 위하여 바라나시(Baranasi)의 녹야원(Migadaya)으로 향하였다.

  그로부터 45년간 곳곳을 다니며 모든 중생들에게 가르침을 폈다.

첫째가 원을 세우지 않는 중생들이고(無願衆生濟度不能),
둘째는 인연이 없는 중생들이다(無緣衆生濟度不能)."

14. 중생을 제도하는 석가모니

호화로운 궁중 생활을 버리고 한낱 걸식의 사문(沙門)이 되었던 고타마가 오랜 수행 끝에 드디어 성도(成道)하여 부처가 되었다.
 그리하여 보리수 아래에 앉은 채 형언할 수 없는 기쁨에 잠겨 있었다. 그에게는 비로소 목적을 달성하였다는 만족감과 기쁨이 충만해 있을 따름이었다.
 그는 자기가 깨달은 진리가 너무 깊고 어려워 중생들이 이해할 수

없을까봐 두려웠다. 그래서 그가 깨달은 바를 아무에게도 말하지 않으려 했다. 그때 범천이 이 사실을 알고 그 진리와 그 만족감이 자신만의 것으로 끝나서는 안 되며 넓게 가르침을 펴라고 권고하였다.

자신이 성불한 기쁨과 만족감으로 혼자 법열(法悅)에만 젖어 있다면 그것은 진실로 정각자(正覺者)인 부처가 취할 태도라고 할 수 없을 것이다.

그리하여 그는 분연히 자리를 박차고 일어나 가르침을 펴기 위하여 바라나시(Baranasi)의 녹야원(Migadaya)으로 향하였다.

그로부터 45년간 곳곳을 다니며 모든 중생들에게 가르침을 폈다.

15. 염화(拈花)와 미소(微笑)

약 3000년 전, 인도 북쪽에 있는 네팔국에 와사성이라는 도성이 있었는데, 석가모니는 그 교외의 영취산(靈鷲山)에서 많은 대중들에게 법회를 열었다.

사자좌(獅子座)에 오른 석가모니는 전일과 같이 "착하고 착한 선남 선녀들이여 ……."하고는 그 이상 입을 열지 않고 오랫동안 단정히 앉아만 있었다.

모인 대중들은 오늘은 무슨 말씀일까 생각하며 기다리는데 아무리 오래 있어도 통 말이 없었기 때문에 이상하게 여겼다.

한참만에 석가모니는 대범천이 공양한 금바라(金波羅)라는 아름다운 꽃 한 송이를 문득 들어올리며 대중들에게 두루두루 보여 주었다.

만좌한 대중들은 석가모니의 설법을 애타게 기다리다가 너무 뜻밖의 일을 보고 그 뜻을 알 수 없어 그저 멍할 따름이었다.

그때 좌중의 상좌인 마하가섭(摩訶迦葉)만이 홀로 석가모니가 꽃을 들어올린 뜻을 알고 미소지었다.

석가모니도 무언, 가섭도 무언, 대중은 무슨 뜻인지 몰라 농아같이 되어 만좌가 적적무언지대(寂寂無言地帶)인 속에서 형용할 수 없는 깊고 깊은 대설법이 이루어졌다.

언어를 초월한 이심전심(以心傳心), 마음과 마음으로 대법문이 이루어진 것이었다.

16. 석가모니의 열반

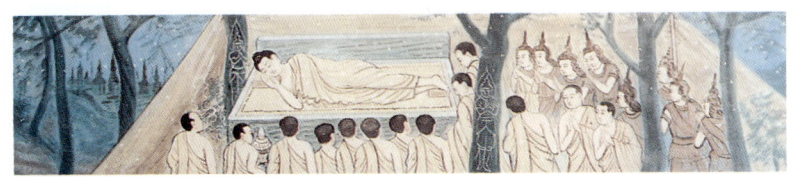

　석가모니는 구시니가라성 밖 사라수(沙羅樹)가 우거진 숲에서 열반을 맞기 위해 최후의 가르침을 폈다.
　"제자들이여, 내가 떠난 뒤 각자 자신을 등불로 삼고 자신에게 의지할 것이며 다른 것에 의지해서는 안 된다. 불법(佛法)을 등불로 삼을 것이며, 다른 사된 가르침에 의지해서는 안 된다."
　그리고 이어서
　"제자들이여, 나는 내 생애의 후반 45년간에 설하고자 하는 것은 모두 설하였고 하고자 하던 일들을 모두 다했다. 내게는 이미 감추어진 것이란 아무것도 없다. 안도 없고 겉도 없고, 모두를 완전히 다 말하였다.
　제자들이여! 이제 내 마지막 순간이 다가왔다. 지금부터 나는 열반에 들 것이다. 부처의 본질은 육체가 아니고 깨달음이다. 육체는 여기서 소멸되어도, 깨달음은 영원히 법과 도(道)로서 살아 있을 것이다. 그러므로 내 육체를 보는 자는 나를 바로 보는 자가 아니고, 내 가르침을 아는 자가 진실로 나를 보는 자이다."하고는 영원한 무여열반의 길에 들었다.

두번째 이야기

부모은중경(父母恩重經)

부모은중경(父母恩重經)

석가모니는 진리의 삶이란 부모를 잘 섬기고 처자를 사랑하고 보호하며 자신의 직업에 충실하는 평범함 가운데 있다고 말씀했다.

그중에서도 부모에 대한 효도는 세상이 아무리 변해도 변해서는 안 될 인간의 근본 윤리라 할 수 있다.

이러한 귀중한 부모님의 은혜에 보답하는 바른 길을 설한 것이 「부모은중경」인데 이를 소재로 한 많은 벽화가 그려져 있다.

부모은중경에 나오는 10가지의 그림과 그 그림에 연유된 게송을 함께 소개한다.

1. 나를 잉태하시고 지켜 주신 은혜

『회탐수호은(懷耽守護恩)』

여러 겁을 내려오며 인연이 중하여서
어머니의 태를 빌어 금생에 태어날 때
날이 가고 달이 져서 오장이 생겨나고
일곱 달에 접어드니 육정이 열렸어라
한몸이 무겁기는 산악과 한가지요
가나오나 서고 안고 바람결 겁이 나며
아름다운 비단옷도 모두 다 뜻 없으니
단장하던 경대에는 먼지만 쌓였더라

2. 해산에 임하여 고통을 받으신 은혜

『임산수고은(臨産受苦恩)』

아기를 몸에 품고 열 달이 다 차서
어려운 해산달이 하루하루 다가오니
하루하루 오는 아침 중병 든 몸과 같고
나날이 깊어가니 정신조차 아득해라
두렵고 떨리는 맘 무엇으로 형용할까
근심은 눈물 되어 가슴속에 가득하니
슬픈 생각 가이없어 친족들을 만날 때면
이러다가 죽지 않나 이것만을 걱정하네

3. 자식을 낳았다고 근심을 잊어 버리는 은혜

『생자망우은(生子忘憂恩)』

자비하신 어머니가 그대를 낳으신 날
오장육부 그 모두를 쪼개고 헤치는 듯
몸이나 마음이나 모두가 끊어졌네
짐승 잡은 자리같이 피는 흘러 넘쳤어도
낳은 아기 씩씩하고 충실하다 말 들으면
기쁘고 기쁜 마음 무엇으로 비유할까
기쁜 마음 정해지자 슬픈 마음 또 닥치니
괴롭고 아픈 것이 온몸에 사무친다

44

4. 입에 쓰면 삼키고 단 것이면 뱉어서 먹이신 은혜

『인고토감은(咽苦吐甘恩)』

중하고도 깊고 깊은 부모님 크신 은혜
사랑하고 보살피심 어느 땐들 끊일손가
단 것이란 다 뱉으니 잡수실 게 무엇이며
쓴 것만을 삼키어도 밝은 얼굴 잃지 않네
사랑하심 중하시사 깊은 정이 끝이 없어
은혜는 더욱 깊고 슬픔 또한 더하셔라
어느 때나 어린 아기 잘 먹일 것 생각하니
자비하신 어머님은 굶주림도 사양찮네

5. 마른자리에 아기를 눕히고 진자리에 누우신 은혜

『회건취습은(回乾就濕恩)』

어머니 당신 몸은 젖은 자리 누우시고
아기는 받들어서 마른자리 눕히시며
양쪽의 젖으로는 기갈을 채워 주고
고운 옷 소매로는 찬바람 가려 주네
은혜로운 그 마음에 어느 땐들 잠드실까
아기의 재롱으로 기쁨을 다하시며
오로지 어린 아기 편할 것만 생각하고
자비하신 어머니는 단잠도 사양했네

6. 젖을 먹여 길러 주신 은혜

『부모은중경』 「유포양육은(乳哺養育恩)」

아버님의 높은 은혜 하늘에 비기오며
어머님의 넓은 공덕 땅에다 비할손가
아버지 품어 주고 어머니 젖 주시니
그 하늘 그 땅에서 이 내 몸 자라났네
아기 비록 눈 없어도 미워할 줄 모르시고
손과 발이 불구라도 싫어하지 않으시네
배 가르고 피를 나눠 친히 낳은 자식이라
종일토록 아끼시고 사랑하심 한이 없네

7. 깨끗하지 못한 것을 씻어 주신 은혜

『세탁불정은(洗濯不淨恩)』

생각하니 그 옛날의 아름답던 그 얼굴과
아리따운 그 모습이 풍만도 하셨어라
갈라진 두 눈썹은 버들잎 같으시고
두 뺨의 붉은 빛은 연꽃보다 더했어라
은혜가 깊을수록 그 모습 여위었고
기저귀 빠시느라 손발이 거칠었네
오로지 아들딸만 사랑하고 거두시다
자비하신 어머니는 얼굴 모양 바뀌셨네

8. 자식이 멀리 가면 생각하고 염려하시는 은혜

『원행억념은(遠行憶念恩)』

죽어서 헤어짐도 참아가기 어렵지만
살아서 헤어짐은 아프고 서러워라
자식이 집을 나가 먼 길을 떠나가니
어머니의 모든 마음 타향 밖에 나가 있네
밤낮으로 그 마음은 아이들을 따라가고
흐르는 눈물 줄기 천 줄긴가 만 줄긴가
원숭이 달을 보고 새끼 생각 울부짖듯
염려하는 생각으로 간장이 다 끊기네

9. 자식을 위해 나쁜 일을 하시는 은혜

『위조악업은(爲造惡業恩)』

부모님의 은혜가 강산같이 중하거니
깊고 깊은 그 은덕은 실로 갚기 어려워라
자식의 괴로움은 대신 받기 원하시고
자식이 고생하면 부모 마음 편치 않네
자식이 머나먼 길 떠난다 들을지면
잘 있는가 춥잖은가 밤낮으로 걱정하고
자식들이 잠시 동안 괴로운 일 당할 때면
어머님의 그 마음은 오래 두고 아프셔라

10. 끝까지 자식을 사랑하는 은혜

『구경연민은(究竟憐愍恩.)』

부모님의 크신 은덕 깊고도 중하여라
크신 사랑 잠시라도 끊일 사이 없으시니
앉으나 일어서나 그 마음이 따라가고
멀든지 가깝든지 크신 뜻은 함께 있네
어버이 나이 높아 일백 살이 되었어도
여든 된 아들딸을 쉼없이 걱정하네
이와 같은 크신 사랑 어느 때에 끊이실까
수명이나 다하시면 그때에나 쉬실까

세번째 이야기

지장 보살과 지옥

지장 보살과 지옥

 지장 보살은 도리천에서 석가모니의 부촉을 받고 매일 새벽 항하사의 정(定)에 들어 중생들의 갖가지 근기와 중생의 고통을 관찰하고 그들 중생들 모두를 교화하고 제도하는 보살이다.
 그는 지옥에 떨어진 중생까지도 남김없이 제도하기 위해서 몸소 지옥에까지 나가서 지옥고를 겪고 있다.
 그래서 벽화에도 지장 보살과 지옥의 일들이 많이 보인다.
 지옥도에는 무서운 지옥의 형벌을 묘사하고 있는데 모든 중생들이 이를 보도록 하여 지옥에 떨어지지 않도록 착하게 살라는 가르침이 담겨 있다.

1. 고통받는 중생을 구하러 지옥에 가는 지장 보살

 옛날 옛적 사자분신구족만행여래불이 세상에 계실 때 지장 보살은 한 장자의 아들로 태어나 그 부처의 거룩한 상호를 보고, 어떻게 하면 그와 같은 몸을 얻을 수 있느냐고 물었다.
 사자분신구족만행여래불은 일체 중생의 고통을 구제하는 자가 그렇게 될 수 있다고 하였다.
 그 말을 들은 장자의 아들은 오늘날까지 죄를 짓고 고통을 받는 사람들을 구제하고 그 고통을 대신 받아 왔다.

세번째 이야기 · 지장 보살과 지옥 53

 또한 여러 겁 전인 각화정자재왕여래불이 세상에 계실 때 지장 보살은 한 바라문 집안의 딸로 태어났는데, 그때 그의 어머니가 삼보를 비방하고 인과를 믿지 않다가 무간 지옥에 떨어져 있었다.
 딸은 지극한 마음으로 각화정자재왕여래불에게 기도하여 어머니의 거처 소식과 어머니의 구제를 발원하였더니 허공 가운데에서 이런 목소리가 들려왔다.
 "너의 어머니의 거처를 알고자 하면 지극한 마음으로 공양하고 집에 가서 단정히 앉아 나의 이름을 부르며 어머니의 거처를 생각하라."
 딸이 집에 가서 하룻밤을 지극한 마음으로 염송하니 몸이 떠서 어떤 해변가에 이르렀다.
 거기에는 철뱀과 철개들이 끓는 물 속에서 허우적거리는 수많은 사람들을 닥치는 대로 잡아먹고 있었다.
 마침 무독(無毒)이라는 귀신 중의 왕이 나타나서 "여기는 업력이나 불력으로만 올 수 있는 곳인데 너는 어떻게 왔느냐?"하고 물었다.
 "저의 어머니는 열제리인데 사후의 거처를 알 수 없어서 왔습니다."
 "너의 어머니의 해탈은 이미 3일 전에 이루어졌느니라." 또한 어머니만 해탈한 것이 아니라 그날 함께 있던 모든 사람들이 다 고통을 버리고 복락을 받게 되었다고 한다.

이에 감격한 딸은 곧 정자재왕여래불 앞에 나아가 미래제(未來際, 미래의 끝간 데)가 다하도록 고통받는 중생을 다 구하기 전에는 성불하지 않겠다고 맹세한 후 지옥에서 고통받는 중생을 구제하러 지옥으로 향했다.

2. 도솔천(兜率天)에서 온 지장 보살

도솔천(兜率天)이라는 하늘 나라는 수미산(須彌山) 꼭대기에서 약 12만 유순(由旬, 길이의 단위로서 약 6.5킬로미터) 위에 있다고 한다.

그 나라에는 칠보(七寶)로 만든 아름다운 궁전이 가운데에 있고, 궁전 주위에는 사계절 아주 향기가 진하고 좋은 아름다운 꽃이 피며 온갖 새와 동물들이 평화롭게 살고 있다고 한다.

또 거기에는 내원궁(內院宮)과 외원궁(外院宮)의 두 궁전이 있는데, 외원궁은 하늘 나라 일반 중생들이 살고 있는 곳이고, 내원궁은 미륵 보살(彌勒菩薩)의 정토(淨土)이다.

미륵 보살은 내원궁에 있으면서, 하늘 나라 모든 사람들을 제도하며 사바 세계에 하강해서 성불할 시기를 기다리고 있다.

미륵 보살뿐만 아니라 사바 세계에 하강하는 모든 부처는 반드시 도솔천에 있다가 성불한다고 한다.

지장 보살도 바로 이 도솔천 내원궁에 있다가 사바 세계와 지옥의 중생을 구제하기 위해서 흰 코끼리를 타고 내려왔다.

벽화에 그림은 그때의 모습을 그린 것이다.

3. 지옥의 옥졸(獄卒)

지옥에서 죄인을 다루는 염라국의 옥졸은 잔인하고 인정이 없으며, 죄인이 아무리 신음하고 애원해도 조금도 사정을 봐주지 않고 염라대왕의 명대로 형을 집행한다.

지옥의 종류는 경전마다 차이가 있지만 일반적으로 8대 지옥이 가장 많이 알려져 있다.

대비바사론(大毘婆沙論)에 있는 8대 지옥은 다음과 같다.

① 등활 지옥(等活地獄) ② 흑승 지옥(黑繩地獄) ③ 중합 지옥(衆合地獄) ④ 호규 지옥(號叫地獄) ⑤ 대규 지옥(大叫地獄) ⑥ 염열

지옥(炎熱地獄) ⑦ 대열 지옥(大熱地獄) ⑧ 무간 지옥(無間地獄)

이 8대 지옥은 어느 곳에나 네 벽에 문이 하나씩 있고 그 문으로 들어가면, 문마다 네 종류의 소지옥이 또 있다. 각 지옥마다 16개의 소지옥이 있으니, 지옥의 종류는 모두 128개나 된다고 한다.

사람들이 이 세상에서 지은 죄업에 따라 각각의 지옥에 떨어지는데, 그 지옥에는 잔인하고 인정미 없는 옥졸들이 눈을 부라리고 있다는 것이다.

4. 발설 지옥(拔舌地獄)

거짓말을 하거나 남을 비방하거나 욕설을 하는 등 구업(口業)을 많이 지은 사람이 죽어서 가는 지옥이 발설 지옥이다.

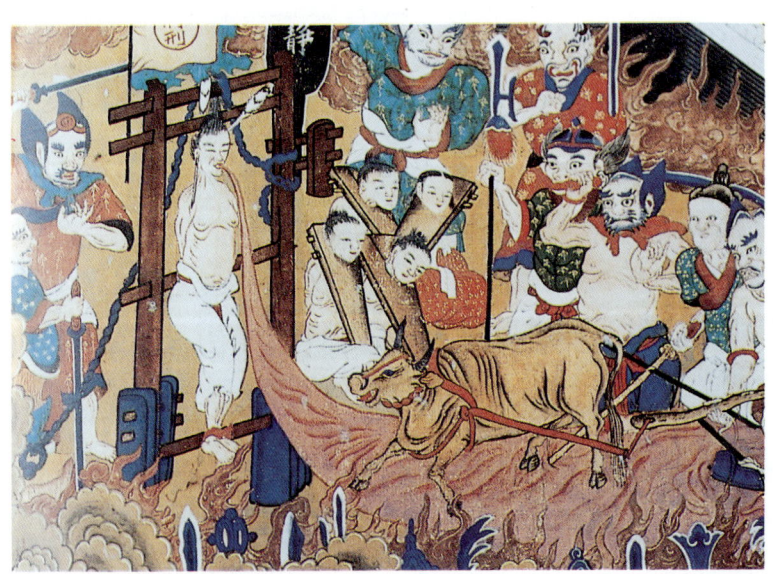

세번째 이야기 · 지장 보살과 지옥 57

보업(報業)으로 혀를 가는 고통을 받는 지옥이다.

그림은 형틀에 매달린 죄인의 입에서 혀를 뽑아 내어 몽둥이로 짓이겨 크게 부풀게 한 다음, 밭을 갈듯이 소가 쟁기로 혀를 갈아 엎는 등 큰 고통이 주어짐을 나타내고 있다.

형틀 옆에는 다음에 매달릴 죄인이 목에 칼을 찬 채 앉아 있다.

죄인의 고통과는 상관없이 한결같이 무서운 눈을 부라리며 형을 집행하는 옥졸들의 얼굴 표정에는 인정미라고는 하나도 없다.

고통에 못 이겨 죽으면 다시 깨어나게 해서 또 형벌이 끝없이 집행된다.

죄인을 형틀에 매달고 집게로 죄인의 혀를 뽑아 버리는 벌을 준다.

그러나 혀는 단 한번 뽑는 것으로 그치는 것이 아니라 고통에 못 이겨 까무러치면 다시 입 속에 혀가 생겨나고, 생겨난 혀를 또 뽑는다.

이와 같이 되풀이해서 끝없이 죄인에게 고통을 준다.

왼편 형틀에 까무러친 죄인이 머리를 떨구고 늘어져 있고, 땅에도 혀를 뽑혀 까무러친 죄인이 넘어져 있다.

그리고 담 아래에는 벌을 받을 죄인이 공포와 불안으로 떨고 있다.

5. 화탕 지옥(火湯地獄)

　활활 타오르는 불길 위에 무쇠 솥을 걸고 그 속에 쇳물을 펄펄 끓인다. 뜨거운 가마솥에 지옥의 옥졸들이 죄인을 잡아 장대에 꿰어 솥 속에 집어넣는다.
　죄인들이 뜨거워서 겪는 고통은 말로 다 형용할 수가 없다.
　아무리 살려 달라고 비명을 지르고 발버둥쳐도 아무도 동정하거나 도와주는 사람이 없다.
　살은 삶기고 뼈는 물러져, 몸 전체가 녹아 없어지면 밖으로 끌어내어 다시 살게 한 다음 또 뜨거운 가마솥 속에 집어넣는다.
　지옥에서는 죽음이란 없다.

차라리 죽을 수만 있다면, 죽어 버림으로써 모질고 힘든 그 고통에서 벗어날 수 있으련만 지옥의 옥고는 죽음으로도 끝낼 수 없다.

죽을 지경의 고통으로 까무러치면 다시 살아나서 몇 번이고 몇 번이고 같은 고통을 받아야 한다. 실로 무서운 지옥의 형벌이다.

커다란 가마솥을 꺼지지 않는 유황불이 지글지글 달구고 있다.

머리에 뿔이 난 지옥 옥졸들이 비명을 지르는 죄인의 발을 잡고, 죄인을 거꾸로 머리부터 펄펄 끓는 탕 속에 쑤셔 박는다.

펄펄 끓은 뜨거운 물 속에 머리채 처박히니 숨도 못 쉬고 허우적거리며 살려 달라는 말도 나오지 않는다.

입으로 허파 속으로 뜨거운 물이 막 들어간다.

살이 익고 뼈가 타도 죽지 않으니 죄인이 느끼는 고통은 말로 다할 수가 없다.

6. 도산 지옥(刀山地獄)

　온 산에 뾰족뾰족한 날카로운 칼날이 빈틈없이 꽂혀 있는 능선을 무기를 든 지옥의 옥졸들이 죄인들을 끌고 막 지나간다.
　발등까지 날카로운 칼날이 파고들어 죄인들은 고통이 심해 걸을 수가 없다.
　가다가 엎어지면 칼날이 온몸을 찌른다.
　고통받는 죄인과는 대조적으로 지옥의 옥졸들은 죄인의 신음소리와 울부짖음이 마치 즐거운 노랫소리인 양 창을 든 표정이 장난스럽기만 하다.
　손을 뒤로 묶인 채 맨발로 옥졸에게 끌려가는 죄인은 몇 번이나 이 칼의 능선을 지나가야 할지 고통스럽기만 하다.

세번째 이야기 · 지장 보살과 지옥　61

　도산 지옥의 무서움을 다른 각도로 표현하고 있다. 날카로운 칼날이 뾰족뾰족 튀어나온 평상 위에 알몸의 죄인을 눕히고, 지옥의 옥졸들이 커다란 칼로 막 찌른다.
　실신해서 밑으로 떨어지면 정신을 차릴 때까지 기다려서 다시 평상 위로 올려 놓고 끝없이 형벌을 계속 집행한다.

7. 정철 지옥(釘鐵地獄)

　죄인의 몸에 쇠못을 박는 지옥을 정철 지옥이라고 한다.
　지옥 형벌의 하나로 죄인의 머리와 몸 모든 곳에 커다란 못을 박아서 죄인에게 참기 어려운 고통을 주는 지옥이다.
　목에 커다란 나무칼을 찬 죄인과 못을 박을 때 고통으로 실신한 죄인이 왼쪽에 쓰러져 있다.

그리고 사납게 생긴 지옥 옥졸이 죄인 위에 걸터앉아 머리채를 움켜잡은 채, 커다란 못을 머리에 천천히 꽂으려 하고 있다.

이때 지장 보살이 지옥고를 치르는 사람들을 구제하기 위해서 동자를 거느리고 나타난다.

8. 거해 지옥(鉅解地獄)

거해(鉅解)란 말은 톱으로 썰어서 분해한다는 뜻이다.

거해 지옥에서는 톱으로 죄인의 몸을 자른다.

산 채로 몸이 잘리는 고통을 겪는 지옥이 거해 지옥인데, 날카로운 톱날이 죄인의 몸을 파고든다. 목이 잘린 죄인이 피를 흘리며 땅에 쓰러져 있다.

9. 독사 지옥(毒蛇地獄)

굶주린 뱀들이 우글거리는 침침하고 어두운 곳으로 지옥의 옥졸이 무자비하게도 죄인을 떠밀어 넣는다. 비명을 지르며 밑으로 떨어지는 여인과 옥졸의 발에 매달려 살려 달라고 애원하는 죄인의 모습이 가엾기만 하다.

그러나 머리에 뿔이 달린 지옥의 옥졸은 인정 사정없이 형벌을 집행한다. 뱀은 죄인을 물기도 하고 죄인의 몸을 감고서 날카로운 눈으로 노려보며 혀를 날름거린다.

10. 무간 지옥(無間地獄)

　무간 지옥은 8대 지옥 가운데 가장 크고 또한 가장 무서운 지옥이다. 이 지옥에 떨어지는 자는 부모를 죽였거나, 부처 몸에 상처를 냈거나 혹은 승가의 화합을 깨뜨렸거나 아라한을 죽인 중죄인들이다.
　무간 지옥에는 필바라침(必波羅鍼)이라는 무서운 바람이 부는데, 이 바람이 불면 온갖 것의 몸을 건조시키고 피까지 말라 버리게 한다. 또한 뜨거운 불꽃이 휘날리면서 온몸을 태우거나 살과 가죽이 익어서 터져 버린다. 그 뿐만 아니라 고통을 받는 사이마다 염라대왕의 무서운 꾸지람을 계속 받아야 한다.
　그러므로 무간 지옥의 이름만 들어도 사람들은 무섭고 두려워서 어쩔 줄을 모른다.

산 채로 몸이 잘리는 고통을 겪는 지옥이 거해 지옥인데, 날카로운 톱날이 죄인의 몸을 파고든다. 목이 잘린 죄인이 피를 흘리며 땅에 쓰러져 있다.

9. 독사 지옥(毒蛇地獄)

굶주린 뱀들이 우굴거리는 침침하고 어두운 곳으로 지옥의 옥졸이 무자비하게도 죄인을 떠밀어 넣는다. 비명을 지르며 밑으로 떨어지는 여인과 옥졸의 발에 매달려 살려 달라고 애원하는 죄인의 모습이 가엾기만 하다.

그러나 머리에 뿔이 달린 지옥의 옥졸은 인정 사정없이 형벌을 집행한다. 뱀은 죄인을 물기도 하고 죄인의 몸을 감고서 날카로운 눈으로 노려보며 혀를 날름거린다.

10. 무간 지옥(無間地獄)

　무간 지옥은 8대 지옥 가운데 가장 크고 또한 가장 무서운 지옥이다. 이 지옥에 떨어지는 자는 부모를 죽였거나, 부처 몸에 상처를 냈거나 혹은 승가의 화합을 깨뜨렸거나 아라한을 죽인 중죄인들이다.
　무간 지옥에는 필바라침(必波羅鍼)이라는 무서운 바람이 부는데, 이 바람이 불면 온갖 것의 몸을 건조시키고 피까지 말라 버리게 한다. 또한 뜨거운 불꽃이 휘날리면서 온몸을 태우거나 살과 가죽이 익어서 터져 버린다. 그 뿐만 아니라 고통을 받는 사이마다 염라대왕의 무서운 꾸지람을 계속 받아야 한다.
　그러므로 무간 지옥의 이름만 들어도 사람들은 무섭고 두려워서 어쩔 줄을 모른다.

11. 업경대(業鏡臺)에 비친 지난 일들

이 세상에서 죄를 지은 사람이 죽으면 반드시 염라대왕 앞에 나가서 재판을 받게 된다.

그리하여 사바 세계에서 지은 죄업에 따라 여러 지옥 중 그의 죄값에 합당한 지옥에 떨어지게 되는 것이다.

그때 거짓말을 하려 해도 소용이 없다.

염라대왕 앞에는 업경대(業鏡臺)라는 이상한 거울이 있어서 죄인이 지은 죄의 현장이 거울에 생생하게 나타나기 때문이다.

업경대는 시간과 공간을 초월해서 원하는 대로 모든 장면을 보여주기 때문에 재판은 공정하고 준엄하며, 지은 죄는 티끌만큼도 감출 수가 없다.

판관이 손으로 가리키는 업경대에는 죄인이 소를 훔쳐 가는 장면이 생생하게 나타나고 있다.

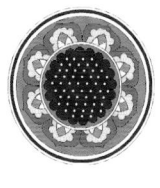

네번째 이야기

팔상도(八相圖)에서 파생된 벽화

팔상도(八相圖)에서 파생된 벽화

팔상도(八相圖)는 중요한 불교 탱화의 하나이다.

석가모니의 생애를 묘사한 이 불화는 사찰의 팔상전(八相殿)·팔상전(捌相殿)이나 영산전(靈山殿)에 많이 봉안되어 있다.

우리나라의 팔상도는 대체로 불본행집경(佛本行集經)에 쓰인 내용을 중심으로 묘사한 것이 대부분이다.

그런데 예로부터 전해지는 팔상탱화 속에는 한꺼번에 여러 가지 내용을 담고 있어서 일반인들이 알아보기 매우 어렵다.

예를 들면, 왼쪽의 팔상도는 도솔내의상(兜率來儀相)인데 그 속에는 대체로 다음과 같은 네 가지 사실이 묘사되어 있다.

① 마야궁(摩耶宮)에 마야 부인에게 흰 코끼리를 탄 호명 보살(護

明菩薩)이 내려오는 꿈을 꾸는 장면.
② 바로 그 옆에 있는 입태전(入胎殿)에서 입태되는 장면.
③ 소구담이 도적으로 몰려 죽는 장면.
④ 왕과 왕비가 꿈의 내용을 바라문에게 묻는 장면.

이상의 내용이 복잡하게 그려져 있으므로, 사찰의 벽에는 위의 사실 중에서 한두 가지만 발췌하여 누구라도 쉽게 알아볼 수 있도록 그려 놓았다.

1. 강도솔상(降兜率相)

마야궁에서 의자에 앉아 잠든 마야 부인의 꿈속에 도솔천에서 흰 코끼리를 탄 호명 보살이 홀연히 나타나 부인의 오른쪽 옆구리로 들어가는 장면이 묘사되어 있다.

이 그림도 같은 내용의 그림인데, 화가의 화법과 개성에 따라 여러 가지로 묘사 방법이 다를 뿐이다.

그러나 핵심 내용은 모두 마야 부인의 꿈에 흰 코끼리를 탄 호명 보살이 나타나 마야 부인 몸 속으로 들어간다는 내용을 소재로 삼고 있다.

2. 비람강생상(毘藍降生相)

비람강생상은 아기 부처가 태어나는 장면이다.

마야 부인이 궁전을 떠나 해산을 하기 위해 친정으로 가는 도중 룸비니 동산에 이르렀을 때 갑자기 산기를 느껴, 무우수(無憂樹) 나뭇가지를 잡고 서서 오른쪽 겨드랑이로 아기를 낳는 장면이다.

옆에서 시중을 들던 시녀들과 온 세상의 모든 사람들, 그리고 온갖 동물들과 식물들까지도 아기 부처의 탄생을 한없이 기뻐하며 축하하고 있다.

아기 부처가 태어나자 하늘에서 아홉 마리의 용이 나타나서 입으로 물을 뿜어 아기의 몸을 깨끗하게 씻어 주었다.

아홉 마리의 용이 물을 뿜어 탄생한 아기 부처님의 몸을 씻어 주었다는 내용은 많은 용이 등장했음을 상징적으로 나타내고 있는 것이다. 이를 테면 아홉이라는 수는 십진법에서 가장 큰 수이며, 수지종(數之終)을 의미하기 때문이다.

그리고 태어난 아기 부처는 동서남북으로 각각 일곱 발자국씩 걸은 다음, 한쪽 손으로는 하늘을, 또 다른 손으로는 땅을 가리키며 '천상천하유아독존(天上天下唯我獨尊)'이라고 외친다. 당당한 아기 부처에게 경배하는 인간의 모습이 묘사되어 있다.

3. 사문유관도(四門遊觀圖)

네번째 이야기 · 팔상도에서 파생된 벽화 75

태자가 출가하기 전 사대문 밖을 나가 사람들이 생로병사의 고통을 받는 광경을 보고 인생의 무상함을 느낀 바가 컸다. 출가를 결심하게 된 직접적인 동기를 묘사한 그림이다.

태자는 동문 밖으로 나갔다가 늙은 노인을 보고 명상에 잠기었으며, 남문 밖으로 나갔다가 병자를 보고 늙고 병듦을 느꼈다. 또한 서문 밖으로 나갔다가 장례식을 치루는 것을 보고 인생의 무상을 뼈저리게 느꼈으며, 북문 밖으로 나갔다가 수행하는 사문(沙門)을 보고 출가할 것을 결심하는 장면을 묘사하고 있다.

4. 유성출가상(踰城出家相)

인생이 무상함을 알고 수도하기 위해 부왕의 만류와 사랑하는 아내의 간청을 뿌리치고 몰래 백마를 타고 마부와 함께 왕궁을 빠져 나가는 태자를 묘사하고 있다.

5. 설산수도상(雪山修道相)

출가한 태자는 여러 곳을 다니며 많은 성인들을 찾아가서 도를 구했으나 모두 자기가 바라던 완전한 것이 아님을 알았다.

그래서 태자는 자기 스스로의 힘으로 도를 깨닫는 길밖에 다른 방법이 없다는 것을 알고 눈 덮인 산속에 들어가서 6년 동안 뼈와 살을 도려내는 수행을 하였다.

6. 수하항마상(樹下降魔相)

　6년간의 수도 끝에 드디어 태자가 깨달음을 얻으려 하자 마왕 파순이 이를 방해하기 위해 그의 부하 아프사라스 등을 미녀로 둔갑시켜 태자의 성도를 방해하려 했다.
　피리를 불고 비파를 타고 온갖 교태를 부리며 노래와 춤으로 태자의 마음을 산란하게 하려 했다. 그러나 태자는 태연히 이를 물리치고 드디어 무상정각을 이루었다.
　태자 주변을 빙빙 돌며 소란을 피우는 미녀들은 마귀의 부하들이므로 그들이 들고 있는 거울 속에 본모습인 흉칙한 마귀의 얼굴이 나타나고 있다.
　그때 태자의 마음은 정말로 힘겨운 악전고투를 한다. 산란해지려는 마음, 꼬리를 물고 일어나는 잡념, 나태해지려는 마음……. 악마의 내습으로 그런 모든 것들이 계속해서 태자에게 닥쳐왔다.
 그러나 태자는 마음 구석까지 그런 것들을 배척하여 산산이 파괴한다. 정말로 피가 흐르고 살이 찢어지고 뼈를 깎는 듯한 힘겨운 싸움이다.

 그 싸움도 끝이 나고 새벽이 되어 샛별이 나오자 태자의 마음은 맑아지고 깨달음을 얻어 드디어 부처가 되었다.
 태자의 나이 35세 때인 12월 8일 새벽의 일이었다.

 태자가 앉아 있는 좌법(坐法)은 항마좌(降魔坐)이며 마귀를 항복시키는 신통력을 가진 좌법이다. 태자의 손 모양도 항마촉지인(降魔觸地印)이며 역시 마귀를 항복시킴을 상징하고 있다.

7. 녹원전법상(鹿苑傳法相)

보리수 밑에서 도를 깨쳐 부처가 된 석가모니가 제일 먼저 향한 곳이 녹야원(鹿野苑)이다. 거기에는 처음 함께 수도하던 다섯 비구들이 수행하고 있었기 때문이다.

고행주의를 버린 태자와 헤어져 녹야원으로 가서 수행하고 있던 다섯 수행자는 어느 날 태자가 자신들을 향해 오고 있는 모습을 발견한다.

태자가 성도한 것을 전혀 모르는 그들은 저희들끼리 태자에게 아는 척을 하지 않기로 한다. 그러나 그들은 정작 태자가 곁에 오자 자신들도 모르는 사이에 일어나 자리를 권하게 된다.

그리하여 석가모니는 녹야원에서 아약교진(阿若憍陣) 등 처음으로 가르침을 폈는데 이것을 불법(佛法)의 첫 펼침, 즉 초전법륜(初轉法輪)이라고 한다.

이때 석가모니는 다섯 비구에게 출가한 수행자는 욕락(慾樂)과 고

행(苦行)의 두 극단을 버리고 중도(中道)를 취해야 함을 가르치고, 사성제(四聖諦)의 법문으로서 그들을 깨우쳐 진리의 세계에 눈뜨게 하였다.

8. 쌍림열반상(雙林涅槃相)

석가모니는 성도한 지 45년이 되는 80세에 구시니가라성 근교에 있는 사라수숲으로 가서 사라수 사이에 자리를 잡고 아난을 비롯한 여러 제자들에게 "모든 생(生)한 것은 반드시 멸(滅)하는 법이다. 그러니 부지런히 해탈을 구하여라."고 하였다.

"자기 자신에게 귀의하고 법에 귀의하며, 남에게 귀의하지 말라. 스스로를 광명으로 하고, 법을 광명으로 삼아야 한다."라는 마지막 유훈을 남긴 후, 북쪽으로 머리를 두고 서쪽을 향해 눕고는 조용히 눈을 감았다.

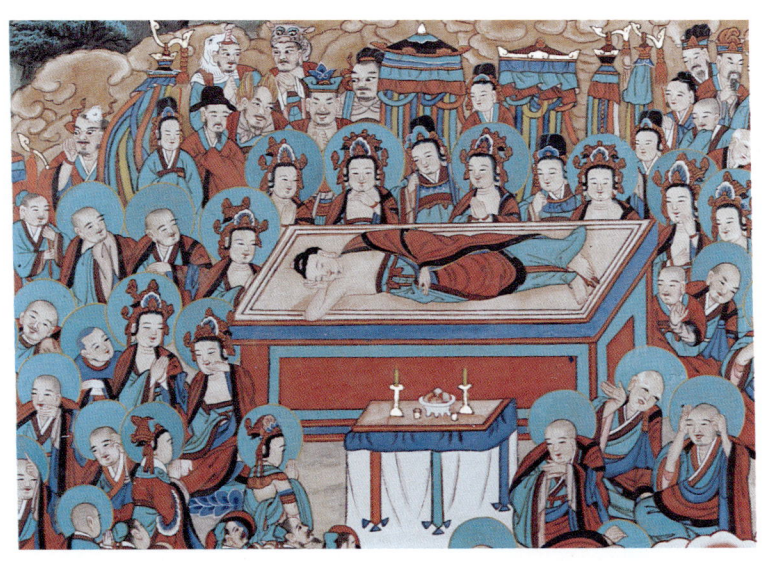

이와 같이 부처가 돌아가심을 열반(涅槃)이라고 하는데, 우리나라에서는 열반일을 2월 15일로 삼고 있다.

．
．
．
．
．

다섯번째 이야기

심우도(尋牛圖)

심우도(尋牛圖)

선종(禪宗)에서 방황하는 자신의 본심을 발견하고 깨달음에 이르기까지의 과정을 야생의 소를 길들이는 데 비유하여 10단계로 나누어 그린 그림을 '심우도'라 한다.

선의 수행 단계를 소와 동자에 비유하여 도해한 그림으로서, 수행 단계를 10단계로 하고 있어서 십우도(十牛圖)라고도 한다.

중국 송나라 때 만들어진 보명(普明)의 심우도와 확암(廓庵)의 심우도가 우리나라에 전해지는데, 대부분 확암의 심우도가 많다.

10단계의 과정은 다음과 같다.

① 자기의 본심(本心)인 소를 찾아 나선다(尋牛).
② 소는 못 보고 소의 발자취만 발견한다(見跡).
③ 소를 발견한다(見牛).
④ 야생의 소를 잡는다(得牛).
⑤ 소를 길들인다(牧牛).
⑥ 소를 타고 무위(無爲)의 깨달음의 세계인 집으로 돌아온다(騎牛歸家).
⑦ 이제 소는 달아날 염려가 없으므로 소 같은 것은 모두 잊어 버리고 안심한다(忘牛存人).
⑧ 다시 사람도 소도 모두 본래 공(空)임을 깨닫는다(人牛俱忘).
⑨ 꽃은 붉고 버들은 푸른 것처럼 있는 그대로의 세계를 깨닫는다(返本還源).

⑩ 중생을 구제하기 위해 거리로 나선다(入廛垂手).

이상의 10단계를 그림으로 그린 것을 심우도(尋牛圖) 혹은 십우도(十牛圖)라고 하며 선종 사찰의 외벽에 많이 그려져 있다.
그 다양한 심우도의 세계를 알아본다.

1. 심우(尋牛)

송(頌)
망망발초거추심 (茫茫撥草去追尋)
수활산요로갱심 (水闊山遙路更深)
역진신피무처멱 (力盡神疲無處覓)
단문풍수만선음 (但聞楓樹晩蟬吟)

망망한 수풀을 헤치고 소의 자취를 찾노니
강물은 넓고 산은 험하며 길은 더욱 깊기만 하다
힘이 다하고 기력이 떨어져 지쳐도 찾을 길 없는데
다만 숲속 나뭇가지엔 매미 우는 소리만 들리네

심우(尋牛)는 소를 찾는 동자가 망과 고삐를 들고 산속을 헤매는 모습으로 묘사된다.

이것은 처음 수행을 하려고 발심(發心)한 수행자가 아직은 선(禪)이 무엇이고 본성이 무엇인가를 알지 못하지만 그것을 찾겠다는 열의로 공부에 임하는 모습을 상징하고 있다.

그러나 잘 생각해 보면 본래 잃은 것이 없는데 무엇을 찾는단 말인가? 깨달음을 등지니 번뇌에 휩싸여 잃어 버리게 되는 것이다.

2. 견적(見跡)

송(頌)

수변임하적편다 (水邊林下跡偏多)
방초리피견야마 (芳草離披見也麼)
종시심산갱심처 (縱是深山更深處)
요천비공즘장타 (遼天鼻孔怎藏他)

물가와 나무 아래 수많은 발자국
풀이 우거졌으나 이를 헤치고 찾아본다
비록 이곳이 산이 깊고 골짜기가 깊다 해도
요천(遼天)의 비공(鼻孔)이 어찌 그것을 감출 수 있겠는가

견적(見跡)은 소의 발자국을 발견한 것을 묘사한 것으로서, 본성을 찾으려는 일념으로 열심히 공부를 하다가 보면 본성의 자취를 어렴

풋이 느끼게 된다는 것을 소의 발자국을 발견하는 것으로 상징해서 표현한 그림이다.

교법(敎法)의 가르침에 의해 선학(禪學)과 그 뜻을 알고 가르침을 살펴서 심성(心性)의 자취를 깨닫는다. 아직 깨달음의 문에는 들어가지 못했지만 이제 겨우 심성의 자취를 깨닫는 단계를 나타낸다.

3. 견우(見牛)

송(頌)
황앵지상일성성 (黃鶯枝上一聲聲)
일난풍화안류청 (日暖風和岸柳青)
지차갱무회피처 (只此更無回避處)
삼삼두각화난성 (森森頭角畫難成)

나뭇가지 위에 지저귀는 금빛 꾀꼬리
따뜻한 날 화창한 바람에 언덕 위 버들가지 푸르네
다만 이것이니 어찌 다시 회피할 것인가?
삼삼한 두각 그림으로도 그릴 수 없노라

견우(見牛)는 동자가 멀리 있는 소를 발견한 것을 묘사한 그림이다.

이는 오랜 노력과 공부 끝에 본성을 깨달음이 바로 눈앞에 다가왔음을 상징하고 있다.

물에는 짠맛이 있으나 보기만 해서는 모른다. 맛을 보아야 짠지 아닌지 알 수 있다.

그림의 색깔만 보아서는 그 그림을 채색할 때 아교가 들어가는지 안 들어가는지 알 수 없다. 자기가 직접 그림을 그려 보아야 알 수 있다.

즉 본성을 찾기 위한 선은 남이 하는 것을 보기만 해서는 아무런 소용이 없다. 자기가 직접 체험해야만 깨칠 수 있고 본성을 찾을 수 있는 것이다.

4. 득우(得牛)

송(頌)
갈진정신획득거 (渴盡精神獲得渠)
심강역장졸난제 (沈强力壯卒難除)
시유재도고원상 (時有纔到高原上)
우입연운심처거 (又入煙雲深處居)

정신을 가다듬어 소를 얻었지만
사납고 힘이 세어 다루기 어렵도다
어느 때는 높은 산 위에 이르고
혹은 깊은 구름 속에 숨으려 한다

득우(得牛)는 동자가 소를 붙잡아서 막 고삐를 낀 모습으로 표현된다.

이 경지를 선종(禪宗)에서는 견성(見性)이라고 하는데, 마치 땅 속에서 아직 제련(製鍊)되지 않는 금광석을 막 찾아낸 것과 같은 상태라고 한다.

이때의 소의 모습은 검은색으로 표현하는데, 아직 삼독(三毒)에 물들어 있는 거친 본성을 지니고 있다는 뜻에서 검게 표현한다.

오랫동안 산천에 파묻혀 있던 소와 같이, 온갖 번뇌 속에 파묻혀 있던 본성을 비로소 만났으나, 아직 삼독에 물들어서 야성을 그리워하고 방종하려 한다. 그러므로 더욱 정진하고 공부에 힘써야 하는 상태이다.

5. 목우(牧牛)

송(頌)
편색시시불리신 (鞭索時時不離身)
공이종보입애진 (恐伊縱步入埃塵)
상장목득순화야 (相將牧得純和也)
기쇄무구자축인 (羈鎖無拘自逐人)

채찍과 고삐를 쉼 없이 사용하여 곁에서 여의지 말라
그대가 한 걸음 한 걸음 애진(埃塵)으로 들어감이 두렵다
그러나 끌어내어 길들이고 순화되어
채찍과 고삐에 구애되지 않더라도 스스로 사람 따르네

목우(牧牛)는 자연스럽게 놓아 두어도 저절로 가야 할 길을 갈 수 있도록 거친 소를 길들이는 모습을 묘사한다.

삼독의 때를 지운 보임(保任)의 단계로서, 선에서는 이 목우의 단계를 가장 중요시하고 있는데, 그 까닭은 한번에 유순하게 길들여야지 만약 이때 달아나면 그 소를 다시 찾는다는 것은 매우 어렵기 때문에 특별히 주의하고 있는 것이다.

이때 소는 길들여진 정도에 따라 차츰 검은색에서 흰색으로 바뀌어지고 있다.

깨달음이란 외부의 경(境)에 의해서 오직 자신의 마음에서 생겨나는 것이므로 소의 고삐를 더욱 단단히 잡아서 늦추지 말고 머뭇거리는 생각이 싹트지 않도록 해야 한다는 뜻이다.

6. 기우귀가(騎牛歸家)

송(頌)

기우이려욕환가 (騎牛迤邐欲還家)
강적성성송만하 (羌笛聲聲送晚霞)
일박일가무한의 (一拍一歌無限意)
지음하필고진아 (知音何必鼓唇牙)

소를 타고 집으로 돌아가네
강적의 피리 소리 저녁 노을 속에 울리고 있네
한 박자 한 곡조마다 무한한 뜻이 담겨 있으니
그 지음 어찌 헛된 말하리

기우귀가(騎牛歸家)는 동자가 구멍 없는 피리를 불며 본래의 고향으로 돌아오는 모습을 묘사하고 있다.

이때의 소는 완전히 흰색으로서 특별히 지시를 하지 않아도 동자와 일체가 되어서 피안의 세계로 나아가게 된다. 이때 구멍 없는 피리에서 흘러나오는 소리는 가히 육안으로 살필 수 없는 본성의 자리에서 흘러나오는 소리를 상징하고 있다. 이미 본성을 찾았으니 모든 것이 완숙하게 이루어진 것이다.

다섯번째 이야기 · 심우도 97

몸을 소 등에 올려 놓고 하늘을 쳐다보니, 소는 불러도 돌아보지 않고 잡아당겨도 서지 않으며 오직 본향을 말 없이 향하고 있다.

7. 망우존인(忘牛存人)

송(頌)
기우이득도가산 (騎牛已得到家山)
우야공혜인야한 (牛也空兮人也閑)
홍일삼간유작몽 (紅日三竿猶作夢)
편승공돈초당간 (鞭繩空頓草堂間)

소를 타고 본향으로 돌아오니
소는 간 곳 없고 사람은 한가롭다
해가 석 자나 떴는데도 늦잠을 자니 오히려 꿈이러니
소용없는 고삐와 채찍은 초당간에 던져 두노라

망우존인(忘牛存人)은 집에 돌아와 보니 애써 찾던 소는 온데간데 없고 자기만 남아 있다는 내용이다.

다섯번째 이야기 · 심우도 99

　결국 소는 마지막 종착역인 심원(心源)에 도착하게 하는 방법이었으므로, 이제 고향 집과 고향 산천으로 돌아오게 되었으니 방법은 잊어 버려야 한다는 것이다.
　이는 뗏목을 타고 피안에 도달하면 뗏목을 버려야 한다는 가르침과 일맥상통하는 것이다.

　금은 광석에서 나오고 달은 구름에서 나온다. 그러나 금을 얻은 다음 폐광석은 버려야 하고, 달이 뜬 다음 구름에는 마음을 두지 않아야 한다.
　깨달음의 한줄기 빛이 영원한 위음왕불(威音王佛) 밖의 세계까지 밝게 비춘다.

8. 인우구망(人牛具忘)

송(頌)
편삭인우진속공 (鞭索人牛盡屬空)
벽천요활신난통 (碧天遼濶信難通)
홍로염상쟁용설 (紅爐焰上爭容雪)
도차방능합조종 (到此方能合祖宗)

채찍과 소와 사람이 모두 공하니
맑고 푸른 하늘 멀고 높아 소식 전하기 어려워라
끓는 솥에 어찌 흰 눈이 남아 있겠는가
이에 이르러 비로소 조종(祖宗)과 하나가 되도다

인우구망(人牛具忘)은 소를 잊은 다음 자기 자신도 잊어 버리는 상태를 묘사한 것으로서 텅 빈 원상(圓象)만을 그리게 된다.

객관적인 소를 잊었으면 이번에는 주관적인 자신(동자) 또한 성립되지 않는다는 원리를 깨달아야 하는 것이다.

원상(圓象)은 주객 분리(主客分離) 이전의 상태를 상징하는 것으로, 이 경지에 이르러야 비로소 완전한 깨달음에 이르렀다고 할 수 있다.

모든 것을 초월한 경지에 이르니 전부가 오직 공(空)이다.

부처가 있는 곳에서도 노닐지 않고, 부처가 없는 곳에서도 급히 달려나와 두 곳 모두에 집착하지 않으니 마음은 오직 허허로울 뿐이다.

백 가지 새들이 만 가지 꽃을 물어 오더라도 모두 오직 한바탕 웃음으로 그친다는 뜻이다.

9. 반본환원(返本還源)

송(頌)

반본환원이비공 (返本還源已費功)
쟁여직하약맹롱 (爭如直下若盲聾)
암중불견암전물 (庵中不見庵前物)
수자망망화자홍 (水自茫茫花自紅)

본향으로 돌아옴도 이미 헛된 공이니
모두 장님과 귀머거리와 같이 되어
암자에 앉아 앞의 것을 보지 않아도
물은 저절로 잔잔하고 꽃은 스스로 붉다

반본환원(返本還源)은 이제 주객이 텅 빈 원상 속에 자신의 모습이 있는 그대로 비침을 묘사한다. 산은 산으로 물은 물로 조그만한 번뇌도 묻지 않고, 있는 그대로의 모습을 볼 수 있는 참된 지혜를 상징한 것이다.

인생이란 본래 청정하여 한 티끌의 미혹도 받지 않는다.

유상(有相)의 영고성쇠(榮枯盛衰)를 보고, 무위(無爲)의 적정(寂靜)에 도달하니, 눈앞에 보이는 것 모두가 환상과 같다고 하는 실상을 바로 알라는 내용이다.

10. 입전수수(入廛垂手)

송(頌)
노흉선족입전래 (露胸跣足入廛來)
말토도회소만시 (抹土塗灰笑滿顋)
불용신선진비결 (不用神仙眞秘訣)
직교고목방화개 (直敎枯木放花開)

가슴을 헤치고 맨발로 거리에 서니
흙을 바르고 재투성이지만 얼굴 가득한 웃음
신선의 비결 쓰지 않고
바로 가르쳐 마른 나무에 꽃이 피게 한다

입전수수(入廛垂手)는 지팡이에 큰 포대를 메고 사람들이 많은 곳으로 가는 모습을 묘사하고 있다.

이때 큰 포대는 중생들에게 베풀어 줄 복과 덕을 담은 포대로서, 불교의 궁극적인 뜻이 중생의 제도에 있음을 상징한 것이다.

사립문 닫고 홀로 앉으니 아무도 그 크고 넓고 편안한 마음을 알 리 없다.

자기의 모든 것을 묻어 버리고, 앞의 현인(賢人)들을 뒤좇던 길도 모두 저버렸다. 오직 마음속엔 공(空)이 있을 뿐이다.

표주박 차고 거리에 나가 지팡이를 짚고 집집마다 다니며 스스로 부처가 되게 하고 모든 중생을 제도하여 불국(佛國)을 건설한다는 내용이다.

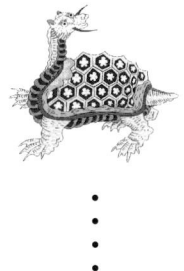

여섯번째 이야기

벽화에 나오는 동물들

벽화에 나오는 동물들

사찰의 벽에는 여러 가지 많은 동식물들의 그림이 그려져 있다.
이 세상에 실재하는 동물의 그림도 있고, 용이나 천마(天馬) 등과 같이 상상 속의 동물에 관한 그림도 있다. 그리고 동물을 의인화(擬人化)한 그림도 있다.
여기에는 많은 교훈적인 이야기와 설화가 담겨 있다. 또한 특별한 뜻은 없지만 단순히 아름답게 꾸미기 위해서 넣은 꽃이나 기타 식물들의 그림을 많이 볼 수 있다.

1. 얼룩사슴과 야자사슴

옛날 바라마달다(婆羅摩達多)라는 왕이 베나레스라는 곳을 다스리고 있었는데, 그 근처 산속에 금빛 털을 가진 두 마리의 사슴이 각각 오백 마리씩 부하를 거느리고 살고 있었다.
그중 한 마리의 이름은 얼룩사슴이고 다른 한 마리의 이름은 야자사슴이었다.
어느 날 바라마달다왕이 사냥을 갔다가 많은 사슴떼를 발견하고 그 숲을 봉쇄해 버렸다. 그리고 사슴을 매일 두 마리씩만 잡아 왕의 주방으로 가져가기로 했다.
두 마리의 사슴을 잡기 위해 매일 수많은 화살을 쏘았으므로 여러

어섯번째 이야기 · 벽화에 나오는 동물들 109

사슴이 부상을 입고 고통을 받게 되었다.

얼룩사슴과 야자사슴은 바라마달다왕에게 가서 매일 사슴 두 마리씩 왕의 주방으로 보낼 테니 활을 쏘지 말라고 부탁했다.

어느 날 새끼를 밴 사슴이 왕의 주방으로 가게 되었다.

그 사슴은 크게 슬퍼하며 왕인 얼룩사슴에게 가서 울며불며 사정했다.

"저는 새끼를 배고 있으므로 지금 죽으면 새끼까지 같이 죽게 됩니다. 어린 새끼가 불쌍하오니 어떻게 해서라도 새끼를 낳은 뒤에 이 몸을 죽게 해주소서."

그러나 심술 사나운 얼룩사슴은 "누가 대신 죽을 수 있겠느냐?" 하고 청을 거절했다.

새끼 밴 사슴은 이번에는 자비심 많은 야자사슴에게로 가서 사정을 했다.

애절한 사정을 들은 야자사슴은 "그렇다면 내가 구해 주리라."라고 말하고는 암사슴을 돌려보냈다. 그러나 다른 사슴을 차마 대신 보낼 수 없어서 자신이 왕의 주방으로 가기로 했다.

바라마달다왕이 사슴떼를 포위했을 때 두 마리의 왕 사슴만은 살려 주기로 약속했기 때문에 야자사슴이 찾아온 것을 보고 주방의 사람들은 깜짝 놀라 이 사실을 왕에게 알렸다.

이상하게 생각한 바라마달다왕은 부하들과 함께 나와 그 내력을 물었다.

야자사슴은 낱낱이 그 사정을 고백하였고 얘기를 들은 왕은 크게 감동하여 그 뒤로는 모든 사슴을 죽이지 말라는 명령을 내렸다.

야자사슴은 왕의 명령을 듣고 있다가 애원했다.

"이렇게 사슴의 생명을 살려 주시는 것처럼 오늘부터 다른 동물들도 죽이지 않도록 해주십시오."

바라마달다왕은 더욱 감동하여 그 후로는 모든 동물들을 죽이지 않겠다고 약속했다고 한다.

『잡비유경(雜譬喩經)』

2. 매의 본생

석가모니가 기원정사에 있을 때 스승의 말을 잘 듣지 않는 난폭한 비구에게 다음과 같은 이야기를 들려 주었다.

옛날 한 보살이 영취산에 매의 왕으로 태어나 수천의 부하를 거느리고 큰 힘을 과시하며 살았다.

그의 이름은 수파투라였다.

여섯번째 이야기 · 벽화에 나오는 동물들

수파투라는 힘이 세기 때문에 어디든 멀리까지 날아갔는데, 그의 아버지는 그에게 신신 당부했다.

"아들아, 너는 이러이러한 곳은 넘어가서는 안 된다."

그는 알았다고 대답하고서도 어느 비 오는 날 다른 매들과 함께 날아가다가 다른 매들을 따돌리고 혼자서 아버지가 가지 말라는 곳까지 날아갔다가 마침내 베란바 바람을 만나 땅에 떨어져 산산조각이 나고 말았다.

그러므로 한도를 모르는 사람
다시 돌이키기란 어려운 것이다
그러니 저 새가 그 바람에 잡히어
그렇게도 무참히 죽는 것같이

옛 어른의 그 말을 따르지 않고
옛 성인의 그 가르침을 좇지 않으면

한도를 넘어 드높이 날다가
교만하다 쓰러진 저 새처럼 되리니
부디 옛 어른의 그 가르침 따르라
그들은 다 죽는 화를 면하게 되리

석가모니는 "그러므로 비구여, 너는 그 매의 전례를 본받아서는 안 된다. 전생의 그 난폭한 매는 지금의 저 난폭한 비구요, 그때의 아버지는 바로 나였다."라고 하였다.

3. 태양과 달리기 시합을 한 두 거위

석가모니가 기원정사에 있을 적에 다루하담마교와 수탄다교에 대해서 다음과 같은 비유로 말씀을 하였다.

옛날 한 보살이 거위로 태어나서 9만 마리의 거위를 거느리며 심봉산에서 살고 있었다.
그때 보살을 특별히 따르는 두 마리의 젊은 거위가 태양과 달리기 시합을 하겠다고 보살에게 이야기하였다. 하지만 보살은 허락할 수 없었다.
"태양의 빠르기란 대단한 것이다. 젊은이들아, 태양과의 달리기 시합이란 있을 수 없다. 너희들은 반드시 도중에서 지고 만다. 결코 가서는 안 된다."
그러나 그들은 고집을 부려 그들의 힘만 생각하고 보살 몰래 아직 태양이 떠오르기도 전에 달리기 시합에 나갔다.
그리하여 유간다라산 꼭대기에 가서 태양이 떠오르기를 기다리고 있었다. 조금 있다 태양이 떠오르자 두 젊은 거위는 태양과 함께 달리기를 시작하였다.

그런데 한 마리가 먼저 오전에 피로해져서 날갯죽지에 불이 붙는 듯한 뜨거움을 느끼고 땅으로 추락하기 시작했다. 보살은 재빨리 그를 구해 심봉산으로 데려가서 여러 거위들 가운데 내려놓았다.

다른 한 마리의 거위도 한낮이 가까워지자 그만 피로해져서 보살에게 구원을 청했다. 보살은 역시 그를 구해서 심봉산에 데려왔다.

그때 태양은 하늘 한복판에까지 왔다.

두 마리의 거위는 "정말로 태양은 빠르기도 합니다."라고 하였다.

이때 보살이 말하였다.

"세상에는 더 빠른 것도 있다. 이 세상의 어떤 것보다도 더 빨리 달려가는 것이 바로 우리의 수명이다. 그러므로 너희들은 잠시도 헛된 세월을 보내지 않도록 해야 한다."

『잡아함경(雜阿舍經)』

4. 호랑이와 사랑을 한 김현

옛날 신라 풍속에는 매년 2월 8일에서 보름까지 모든 남자와 여자가 흥륜사(興輪寺)의 전탑(殿塔)을 돌면서 복을 비는 것이 있었다.

신라 원성왕 때 김현(金現)이라는 화랑은 밤늦게까지 쉬지 않고 탑을 돌았는데, 이때 한 처녀가 염불을 외우면서 같이 돌고 있었다. 둘은 곧 눈이 맞았고 탑을 다 돌자 그는 처녀를 구석진 곳으로 데려가서 서로 깊은 관계를 맺었다. 그리고 처녀가 거절했으나 억지로 처녀의 집까지 따라갔다.

산기슭에 이르러 한 초가에 들어가니 한 노파가 나오며 그 처녀에게 누구냐고 물었다. 처녀는 청년과의 사실을 모두 말했다.

"비록 좋은 일이지만 안 한 것보다 못하다. 그러나 이미 저지른 일이니 나무랄 수도 없다. 구석진 곳에 숨겨라. 네 형제가 나쁜 짓을 할까 두렵다."

처녀는 김현을 구석진 곳에 숨겼다.

조금 뒤 세 마리의 호랑이가 으르렁거리며 오더니 사람 냄새가 난다고 했다. 늙은 할머니와 처녀는 꾸짖었다.

"너희 코가 잘못이지 무슨 미친 소리냐?"
그때 하늘에서 큰소리가 났다.
"너희들이 생명을 즐겨 해침이 너무 많아, 마땅히 한 놈을 죽여서 죄를 징계하겠다."
세 호랑이는 그 소리를 듣자 모두 근심하는 기색이었다.
그때 처녀가 나서며 말했다.
"오라버니들이 이곳을 멀리 떠나면, 제가 스스로 그 벌을 받겠습니다."
세 호랑이는 모두 기뻐서 어디론가 가 버렸다.
처녀는 김현에게 말했다.
"이제는 숨길 수 없으니 모두 말하겠습니다. 저와 당신은 비록 같은 인간은 아니지만 하룻밤 인연으로 부부가 된 것입니다. 하늘의 명으로 제가 죽어야 할 바에야 낭군의 손에 죽고 싶습니다.
제가 내일 시내에 들어가서 사람을 심히 상하게 하면, 임금께서 반드시 높은 벼슬을 걸고 저를 잡게 할 것입니다. 그때 낭군은 겁내지 말고 저를 쫓아 북쪽 숲으로 들어오십시오."
"사람과 사람의 관계는 아니지만, 이미 부부가 된 몸인데 어찌 내가 그대를 죽일 수 있으리."
둘은 서로 부둥켜안고 한없이 울었다. 그러나 하늘의 명은 어쩔 수가 없었다.
다음날 과연 사나운 호랑이가 성 안에 나타나 닥치는 대로 사람을 상하게 하였다. 왕은 급히 명을 내려 호랑이를 물리치는 자에게 높은 벼슬을 내린다고 했다. 김현은 칼을 들고 호랑이를 쫓아 북쪽 숲으로 들어갔다. 숲속에는 처녀가 기다리고 있었다.
"어젯밤에 낭군과 맺은 정은 결코 잊지 못할 것입니다. 오늘 내 발톱에 상처를 입은 사람은 모두 흥륜사의 장을 바르고 그 절의 종소리를 들으면 나을 것입니다."라는 말을 남기고 호랑이는 김현이 찼던 칼을 뽑아 스스로 목숨을 끊었다.

김현은 벼슬길에 오르자 서천(西川)에 가서 호원사(虎願寺)라는 절을 짓고 항상 범망경(梵網經)을 독송하며 자기 몸을 희생하여 자기를 성공하게 한 호랑이의 은혜에 보답했다고 한다.

『삼국유사(三國遺事)』

5. 호랑이를 감동시킨 도효자

경북 예천에 살았던 도효자(都孝子)는 조선 철종(哲宗) 때의 사람인데 그 효성이 너무나 지극해서 이름이 널리 알려져 있었다.

병이 난 그의 어머니가 5, 6월의 한여름에 홍시를 찾았다.

아무리 홍시를 구하려 해도 구할 길이 없어서, 혹시 산속 감나무에 달린 것이 없나 하고 산에 갔다가 날이 저물었다.

그런데 갑자기 큰 호랑이 한 마리가 나타나서 길을 가로막았다. 그리고 자기 등에 타라는 시늉을 했다. 도효자는 무슨 곡절이 있는 줄 알고 호랑이의 등에 탔다.

호랑이는 쏜살같이 산속을 달려 새벽 한 시쯤에 어떤 외딴집 앞에 내려놓았다.

등불이 비치는 방을 찾으니, 마침 그 집에서는 제사를 지내는 중이었다. 제상에는 도효자가 그렇게도 찾던 홍시가 있었다.

도효자는 모든 자초지종을 주인에게 말했다.

주인은 하늘이 도효자의 효성에 감동해서 홍시가 썩지 않고 많이 남은 것 같으니 염려 말고 가져 가라고 하며 많이 싸 주었다.

도효자가 밖에 나오니 호랑이는 아직도 그를 기다리고 있었다.

집에 돌아온 그는 어머니에게 홍시를 드렸고, 어머니는 다시 건강해져서 오래 살았다고 한다.

6. 은혜 갚은 호랑이

지금으로부터 약 1300년 전 두운(杜雲) 조사가 지금의 희방사 절터에 작은 토굴을 짓고 그 속에서 공부하고 있었다.

어느 해 겨울 커다란 호랑이 한 마리가 나타나서 고개를 쑥 빼고 눈물을 흘리고 있었다.

처음에는 겁이 나서 곁에 못 가다가 자세히 살피니 오히려 구원을 청하는 듯 전혀 살기가 없어 보였다.

호랑이는 앞발로 목을 털며 안절부절하는데 목이 부어 있었다.

조사는 손에 기름을 바르고 호랑이 목에 깊숙이 팔을 넣어 목구멍에 걸린 물건을 빼냈다. 그것은 여자의 은비녀였다.

"이 놈, 사람을 잡아먹다가 이 꼴이 되었구나! 내 너의 행동만 생각하면 마땅히 매로 때려죽일 것이로되 산 목숨이 더 중하니 용서한다. 다시는 그런 짓을 하지 말라."

며칠 후 호랑이는 17, 18세 되는 꽃 같은 처녀를 업고 와서 내려놓고는 달아나 버렸다.

얼마 후 기절한 처녀가 정신을 차렸다.

그녀는 경주 서라벌 계림에 사는 호장 유석의 딸인데 결혼식을 치르고 신방으로 가는 도중 호랑이에게 붙잡혀 왔다고 한다. 하지만 눈이 첩첩 쌓인 산 때문에 봄이 될 때까지는 돌려보낼 방법이 없었다.

단칸방에서 스님과 처녀는 봄이 올 때까지 함께 살았다. 하지만 스님은 천생 연분이라면서 함께 살기를 원하는 처녀의 유혹을 완강히 물리치고 석 달을 지냈다.

그리고 눈이 녹자 처녀를 데리고 서라벌로 갔다.

마침 처녀의 집에서는 처녀의 혼을 달래는 굿을 하고 있었는데 갑자기 나타난 그녀를 보고 귀신이 나타난 줄 알고 모두 깜짝 놀랐다.

처녀는 아버지에게 지금까지의 일을 모두 이야기했고 처녀의 말을 들은 유석공은 스님의 손을 잡고 백배 사례했다.

그리고 후에 사람을 보내 토굴을 헐고 아담한 절을 지었는데 이름을 희방사(喜方寺)라고 하였다.

『한국사찰 사료집』

7. 천마(天馬)

옥황상제가 타고 하늘을 마음대로 달리는 하늘의 말을 천마라고

한다. 이 말을 부리는 마부는 백락성(伯樂星)이며, 천마에는 커다란 두 개의 날개가 달려 있었다.

중국 한(漢)나라 무제(武帝) 때 대완국(大宛國)이라는 나라에 처음으로 천마가 나타나서 사람들이 알게 되었다고 한다. 그 빠르기가 번개와 같으며 그 울음소리는 회오리와 같았다고 한다.

8. 백련(白蓮) 선사와 호랑이

백련 선사(1737~1807)는 가야산 깊은 골짜기에 암자를 짓고 혼자 지냈는데 자신의 법명을 붙여 백련암이라 칭하였다.

어느 추운 겨울 큰 절에 갔다가 암자로 올라가는 스님 앞에 큰 호랑이 한 마리가 나타나서 길을 막았다.

스님은 깜짝 놀라 호랑이를 쫓으려 했으나 호랑이는 물러서지도 달려들지도 않았다. 그리고 업히라는 시늉을 하며 등을 스님에게 들이댔다. 등에 업힌 스님을 눈 깜짝할 사이에 암자까지 업어다 놓고 호랑이는 어디론가 가 버렸다.

그 다음날 날이 밝자 호랑이는 암자에 다시 나타났다.

대사가 동자를 시켜 먹을 것을 주어도 머리를 흔들고, 아프냐고 물어도 고개를 저으며 자꾸 머리를 조아려 절을 하면서 뭔가 애원하는 눈치였다.

점심 때가 되고 날이 어두워도 호랑이는 가지 않았다.

그 다음날도 또 그 이튿날도 가지 않고 애원하므로 동자는 그만 가엾은 생각이 들어 함께 살도록 하자고 스님에게 졸랐다. 백련 선사는 한참 생각하더니 함께 살도록 허락하였다.

호랑이는 기뻐 어쩔 줄을 모르며 그 날부터 한 식구가 되어 암자에서 같이 살았다. 선사가 무거운 짐을 지고 가면 뒤에서 밀어 주고, 산에서 맛있는 열매를 따다 주는가 하면 땔나무도 물어다 주었다.

동자는 떡 한 조각이라도 호랑이와 나누어 먹으면서 살았다.

그러던 어느 날 스님은 큰 절에 내려가고 호랑이는 산에 나무를 하러 갔는데, 동자는 저녁밥을 짓다가 손을 베어 손가락에서 빨간 피가 났다.

쓰라리고 아팠으나 동자는 붉은 피가 아까워서 그것을 호랑이에게 빨아먹으라고 했다. 처음에 호랑이는 고개를 설레설레 저으면서 거절하였으나 동자가 이것은 살생이 아니니 먹어도 좋다고 손가락을 입에 갖다 대자 피를 먹었다.

생전 처음 사람의 피맛을 본 호랑이는 순간적으로 야수의 본성이 드러나 동자의 손가락을 깨물어 먹기 시작했고 드디어 동자를 잡아먹어 버렸다.

밤늦게 돌아온 대사는 이 일을 알고 크게 노해서 도끼로 호랑이의 한쪽 발을 잘라 내쫓았다.

호랑이는 슬프게 울면서 백련암 근방을 배회하다가 어디론가 자취를 감추었다.

『불교설화대사전』

9. 현무(玄武)

현무(玄武)란 북쪽 방위에 있으면서 수기(水氣)를 맡은 태음신(太陰神)을 말한다.

동서남북 사방에는 그 방위를 지키는 신들이 있는데, 동방에는 청룡(靑龍), 남방에는 주작(朱雀), 서방에는 백호(白虎), 북방에는 현무(玄武)가 각각의 임무를 맡고 있다고 한다.

이들은 방위사신(方位四神)이라 불리며 천지를 수호하는 수호신으로 받들어져 왔다.

현무(玄武)는 거북과 뱀이 합쳐진 모습으로 생각되어 왔다.

초사(楚辭)에 의하면 "현무는 거북과 뱀이 모인 것을 일컫는다. 북방에 위치하고 있으므로 현(玄)이라 이르고, 몸에 비늘과 두꺼운 껍질이 있으므로 무(武)라고 한다."라고 하였다.

흔히 옛날 무덤 속에서 발견되나, 석가모니의 도량을 지킨다는 뜻에서 절의 벽화에서도 발견된다.

10. 백호(白虎)

옛날 중국 사람들의 공상 속에 나오는 동물 중 하나이다.

하늘을 지키는 사신(四神) 가운데 하나이며, 백호(白虎)는 서쪽을 지키는 신이다.

백호를 그린 백호기는 천자(天子)가 거동할 때 사용되었다고 한다.

우리나라의 풍수지리설에 의하면 주산(主山)에서 오른쪽으로 뻗어 나간 산줄기를 백호라 하고, 그 안쪽에 있는 곳을 내백호(內白虎), 밖에 있는 곳을 외백호(外白虎)라고 한다. 백호는 청룡과 대치되며 좌청룡 우백호로 일컬어진다.

그래서 용호(龍虎)는 혈(穴)의 호위(護衛)로 생각되어 용호가 서로 어울려 여러 겹으로 감쌈으로써 명당이 이루어지는 것으로 생각되어 왔다.

 석가모니의 도량에 백호를 그린 것은 백호가 석가모니의 도량을 수호한다는 상징적인 뜻을 나타내는 것이다. 백호(白虎)는 몸의 빛깔이 희고, 붉은 불을 잡고 있는 모습으로 묘사된다.

11. 해태

 해태는 시비를 가리고 선악을 바르게 판단하는 상상의 동물이다.

 생김새가 사자와 비슷하나 머리 한가운데에 뿔이 있다고 한다.

 중국의 이물지(異物志)라는 문헌에 의하면, "해태는 동북 변방에 있는 짐승이며, 뿔이 한 개 있는데 성품이 충직하여 사람이 싸우는 것을 보면 바르지 못한 사람을 뿔로 받고, 사람이 다투는 것을 들었을 때는 옳지 않은 사람을 뿔로 받는다."라고 적혀 있다.

 사람이 싸우는 것을 보면 사악한 사람을 물고, 사람이 논쟁하는 것을 들으면 부정한 쪽을 문다고 한다.

 이와 같이 정의를 지키는 짐승으로 믿어지는 해태가 석가모니의 도량에 나타난 것은 불법(佛法)를 따르는 사람들을 수호하고, 불법(佛法)을 비방하거나 따르지 않는 사람들을 응징하기 위함이라고 한다.

12. 흰 코끼리

코끼리는 몸이 육중한 만큼 성질도 대범해서 길을 갈 때도 함부로 옆을 살피지 않고 앞만 보고 잘 걸어간다.

그래서 불교 수행자들에게는 코끼리처럼 앞만 보고 전진하며, 모든 잡념을 버리고 오로지 수행하는 데에만 전념하라는 상징적인 뜻을 갖고 있다.

석가모니도 6개의 이빨이 있는 흰 코끼리를 타고 도솔천에서 내려와 마야 부인의 태로 들어갔다고 한다.

코끼리에 대한 많은 이야기가 전해져 오는데 그중 《비유경》 속에 나오는 이야기를 소개하면 다음과 같다.

옛날 범여왕이 바라나시에서 나라를 다스리고 있을 때, 한 보살이 온몸에 아름다운 새하얀 털이 난 코끼리로 태어났다.

그런데 그의 어머니가 장님이었기 때문에 그는 부하 코끼리들을 시켜 갖가지 맛난 과일을 어머니에게로 보냈는데, 그들은 그것을 어머니에게 주지 않고 도중에 모두 먹어 버렸다.

그 사실을 안 보살 코끼리는 부하들을 버리고 어머니를 봉양하기 위해 밤중에 어머니를 챤두라 산기슭의 연못 근처에 있는 굴 속에 모셨다.

그때 바라나시에 사는 어떤 임무관(林務官)이 길을 잃고 7일간이나 울고 있는 것을 발견했다. 보살 코끼리는 그를 자기 등에 업고 사람들이 사는 곳까지 데려다 주었다. 그러나 그 사람은 아주 나쁜 사람이었다.

마침 왕이 타던 코끼리가 죽어서 좋은 새 코끼리를 구하는 왕에게 흰 보살 코끼리의 이야기를 했다.

왕은 즉시 군사를 보내어 보살 코끼리를 잡아오라고 명령했다.

보살 코끼리는 만일 자기가 성을 내면 힘이 세어 누구도 당하지 못할 것이고, 어떤 짐승이나 군대도 당하지 못할 것이며 천 마리의 코끼리도 당할 수 없다는 것을 알고 있었다.

그러나 자기가 성을 낸다는 것은 이제까지 닦은 덕을 손상시키는 일이기 때문에 칼에 맞아 죽는 한이 있어도 결코 성을 내지 않겠다고 결심하였다.

보살 코끼리는 아무런 저항도 하지 않고 순순히 그들에게 잡혀 왕에게 갔다. 그러나 어머니를 생각하며 아무리 맛있는 먹이를 주어도 절대로 먹지 않고 단식을 하였다.

왕은 보살 코끼리가 가엾어서 그 내력을 알아보게 했고, 지극한 효성에 감동되어 그를 숲에 놓아 주었으며 은혜를 원수로 갚은 임무관을 엄하게 벌주었다.

어머니에게 돌아간 보살 코끼리는 다시 기운을 차려 오래도록 어머니를 봉양하며 잘살다가, 어머니가 죽자 장례를 치르고 카란다카라는 지방으로 가서 숨어 살았다. 거기에는 설산에서 내려와서 사는 오백 명의 선인들이 있었는데 보살 코끼리는 그들에게 영지버섯을 드렸다고 한다.

왕도 보살 코끼리가 그리워 대리석으로 그의 초상을 만들어 그 덕행을 기리도록 하였으며, 온 나라의 백성들도 매년 그곳에 모여 코끼리 제전(祭典)이라는 것을 행하게 되었다.

석가모니는 이 이야기를 사람들에게는 들려 주면서, "그때의 그 왕은 지금의 저 아니다요. 그 어머니 코끼리는 저 왕비 마하마야요, 어머니를 봉양한 보살 코끼리는 바로 나였다."라고 말하였다.

13. 금시조(金翅鳥)

금시조(金翅鳥)를 다른 말로 가루라(迦樓羅)라고도 한다.

용을 잡아먹는 사나운 조류의 왕으로서 독수리보다 더 사나운 새이다.

실제로 있었던 동물이 아니고 신화(神話)에 나오는 동물인데, 고대 인도 사람들은 새의 괴수로서 큰 새의 존재를 생각하고, 대승경전의 팔부귀중(八部鬼衆)의 하나로 자주 인용했다.

밀교(密敎)에서는 대범천(大梵天)·대자재천(大自在天) 등이 중생을 구제하기 위하여 이 새로 화현(化現, 부처님이나 보살들이 중생을 교화하고 구제하기 위해 여러 가지로 모습을 변화시켜 세상에 나타나는 것)한 것이라고도 하고, 혹은 문수 보살(文殊菩薩)의 화신(化身)이라고도 한다.

팔부귀중(八部鬼衆)이란 석가모니의 가르침을 수호하는 여덟 신들을 말한다.
① 천신(天神)
② 용왕(龍王)
③ 야차(夜叉)
④ 건달바(乾闥婆)
⑤ 가루라(迦樓羅)
⑥ 아수라(阿修羅)
⑦ 긴나라(緊那羅)
⑧ 마후라가(摩候羅迦)

가루라(迦樓羅)는 아래처럼 다양한 모습으로 나타나기도 한다.

14. 선학(仙鶴)이 들은 현벽(玄璧) 스님의 법문

현벽(玄璧) 스님은 중국 소주(蘇州) 오현(吳縣) 출신의 스님이다. 스님은 유수사(流水寺)에서 사방 넉 자밖에 되지 않는 작은 편상에서 한 번도 눕거나 기대는 일 없이 꼭 앉아서 법화경을 강설했다.

그가 경을 강설하자 사나운 짐승, 독한 벌레, 요망한 귀신, 악한 도둑 따위가 나타나서 여러 번 스님을 해치려 하였으나, 스님은 조금도 대항하거나 미워하지 않고 태연하였으므로 아무도 그를 해치지 못하였다고 한다.

법화경을 스무 번이나 강설하였으므로 온 고을 사람들이 다 가서 들었는데, 하루는 홀연히 학 두 마리가 날아와서 스님 앞에 앉았다.

그리고 옆에 있는 못으로 가서 물을 떠다가 땅에 뿌리고 석가모니 옆 성승(聖僧) 자리로 가 똑바로 서서 까딱도 하지 않고 스님의 설법을 다 들은 다음에야 날아갔다.

학은 이렇게 1년을 하루도 쉬지 않고 법사의 설법을 열심히 들었다. 뿐만 아니라 법회가 끝난 다음 법사가 춤을 추라 하면 날갯죽지로 너울너울 춤을 추었는데, 발을 들썩거리며 머리를 쳐들었다 수그렸다 하였다. 보는 사람들은 모두 신기해서 그저 감탄할 따름이었다.

나중에 현벽 스님이 어디서 어떻게 세상을 떠났는지 아무도 아는 사람이 없었다. 혹자는 학이 되어 하늘로 날아가 버렸다는 말도 하였다.

15. 용이 된 물고기

중국 황하(黃河) 중류의 용문(龍門) 지방에 물이 아주 급하게 흐르는 삼급랑(三級浪)이라는 여울목이 있었다.

용문(龍門)의 여울목은 가파른 세 층으로 되어 있었는데 특히 해동비가 내리고 산에 쌓인 눈이 녹는 봄에는 물살이 일년 중에서도 가장 빨랐다고 한다.

3월 3일 복숭아꽃이 피면 모든 물고기들은 이 용문(龍門)의 삼급랑을 뛰어넘으려고 시도하는데, 만일 이때 삼급랑을 뛰어넘기만 하면 그 물고기는 용으로 변해서 하늘 나라로 올라갔다고 한다.

그림은 잉어가 삼급랑을 뛰어넘어 용이 되는 모습을 묘사하고 있다. 우리가 흔히 쓰는 등용문(登龍門)이란 말은 여기에서 유래된 말이다.

16. 봉황(鳳凰)

봉황(鳳凰)은 고대 중국에서 신성시했던 상상의 새이다. 기린, 거북, 용과 함께 사령(四靈)의 하나로 여겨졌다.

수컷을 봉(鳳), 암컷을 황(凰)이라고 하는데 그 생김새는 문헌마다 조금씩 다르게 묘사되어 있다.

설문해자(說文解字)라는 책에는 봉의 앞부분은 기러기, 뒷부분은 기린, 목은 뱀, 꼬리는 물고기, 이마는 황새, 깃은 원앙새, 무늬는 용, 등은 호랑이, 턱은 제비, 부리는 닭을 닮았으며, 오색을 갖추고 있다고 적고 있다.

악즙도(樂汁圖)에는 닭의 머리와 제비의 부리, 뱀의 목과 용의 몸, 원앙의 날개와 물고기의 꼬리를 가진 새라고 하였다. 이처럼 봉황의 모습은 얼마간 차이를 보이지만 상서롭고 아름다운 상상의 새로 인식된 것만은 확실하다.

봉은 동방 군자의 나라에서 나와서 사해(四海) 밖을 날아 곤륜산(崑崙山)을 지나 지주(砥柱)의 물을 마시고 약수(弱水)에 깃을 씻고 저녁에 풍혈(豊穴)에서 자는데, 이 새가 세상에 나타나면 천하에 큰 경사가 일어나고 태평성대가 이룩된다고 한다. 봉황은 암수가 서로 사이 좋은 새로 알려져 있다.

부처의 도량에 봉황이 나타나는 것은 불국토가 이룩되어 부처의 공덕이 온 세상에 미쳐서 천하가 평화롭고 중생들이 행복하게 잘산다는 것을 상징한다.

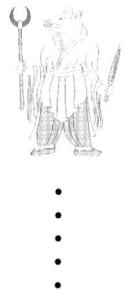

……

일곱번째 이야기

십이지신(十二支神)

십이지신(十二支神)

땅을 지키는 12명의 신장(神將)을 십이지신이라고 하는데, 때로는 십이신왕(十二神王)이라고도 한다. 약사경(藥師經)을 외우는 불교인을 지켜 주는 신장으로서 널리 알려져 있다.

이들은 열두 방위에 맞추어 호랑이·토끼·용·뱀·말·소·원숭이·닭·돼지·개·쥐·양 등의 얼굴 모습을 가지며 몸은 사람 모양을 하고 있다.

이들의 모습이 이렇게 된 데에는 도교(道敎)의 방위 신앙에서 많은 영향을 받은 것으로 보여진다. 우리나라의 십이지 신앙은 약사 신앙과 밀접한 관련을 지닌다.

신라 선덕여왕 때 이미 밀본 법사(密本法師)가 약사경을 읽어서 병을 고쳤다는 기록이 있다. 김유신 장군도 약사경을 호지(護持)하는 사람과 교분을 가졌다는 기록이 남아 있다.

이 십이지 신앙은 신라가 삼국을 통일하기 전까지는 밀교의 영향으로 호국적 성격을 지녔으나, 삼국 통일 이후에는 단순한 방위신으로서 그 신격(神格)이 변모되었다.

능묘 호석(護石)에 많이 보이는 이 십이지 신상은 아직도 많은 사찰 벽에 벽화로 그려져 있는데 불교인의 수호를 나타내고 있다.

1. 자신장(子神將)

역학(易學)에서는 자(子)를 다음과 같이 해석한다.

자는 자자(孶字)에서 위의 문자를 떼낸 것으로, 초목의 씨앗이 땅 속의 수분을 흡수하여 싹이 트고 잘 자람을 상징한다고 한다.

계절로는 겨울이며, 음이 극치에 달하여 다시 양이 태동하는 일양래복(一陽來復)의 동지(冬至)이고, 동짓달이다. 시간적으로 자시(子時)는 하루가 시작되는 자정 0시가 된다.

방위로서는 정북방이다.

주역(周易)으로는 지뢰복괘(地雷復卦)로서, 음기(陰氣)가 쇠퇴하고 양기(陽氣)가 점점 자라남을 상징하는 괘상(卦象)이다.

쥐를 여기에 배치한 것은 쥐는 앞발가락이 넷이고 뒷발가락이 다섯이므로, 오음사양(五陰四陽)의 동물이기 때문이다. 따라서 음양이 서로 갈라지는 동지점(冬至點), 시각으로는 밤 0시를 중심으로 한 전후 2시간을 자시(子時)라고 하는 것이다. 쥐는 양이 뿔이 난 것을 싫어하기 때문에 양과는 서로 잘 어울리지 않는다. 자는 양기가 싹틈을 나타내며 아이를 비로소 잉태한 것과 같은 의미이다.

불교에서는 달을 밝히고 달을 만들며, 항상 달이 신선하고 아름답게 빛나도록 하기 위해 달에 맑은 물을 채우는 신을 만월 보살(滿月菩薩)이라고 한다. 그런데 만월 보살이 달에 광명의 물을 길어다가 아무리 채워도 자꾸 없어지는데, 그것은 그 물을 먹어치우는 악마가 있기 때문이다. 그래서 만월 보살은 그를 잡기 위해 인간 세상에 내려왔다고 한다.

바로 쥐의 신으로 변모해서 사바 세계에 내려온 것이다.

그리하여 물을 먹어치우는 악마를 무찌르는 동시에, 광명의 물을 길어다가 다른 달에 채운다. 때문에 몸은 늘 바쁘고 고달프다. 자칫 과욕을 부리거나 무리하면 신병이 날 수도 있다. 그러나 하는 일은 정말로 보람이 있고 만인이 우러러보는 일이다.

2. 축신장(丑神將)

소를 십이지신의 두번째로 배당한 것은 다음과 같은 역학(易學)의 원리 때문이다.

즉, 축(丑, 소 축) 자는 뉴(紐, 맺을 뉴) 자에서 사(糸) 자를 뺀 것이다.

이는 끈이 풀리지 않았다는 뜻이며, 초목이 땅 속에서 싹이 텄으나 아직 끈처럼 구불구불 구부러진 상태를 상징한다.

모든 것의 출발이 갖추어지고 이미 시작이 되었으나 아직 표면에 나타나지 않은 상태를 말한다. 음력 섣달을 상징하고 방위는 동북간이다.

여기에 소를 배정한 것은 소의 발톱이 두 개로 갈라져서 음(陰)을 상징한다는 것과, 그 성질이 유순하고 참을성이 많아서, 씨앗이 땅 속

에서 싹터 봄을 기다리는 모양과 닮았기 때문이라고 한다.

축은 참고 복종하는 것을 상징하는 것이니 찬 기운이 스스로 굴복하기 시작한 것을 상징한다.

불교에서는 천수 보살(千手菩薩)의 화신을 축신장(丑神將), 즉 소라고 한다.

천수보살을 천수천안보살(千手千眼菩薩)이라고도 하는데, 그가 하는 일은 모든 사람들의 손과 눈을 바로 만들어 주는 일이다.

눈과 손을 처음 만들 때부터 잘 만들어야 하는데, 너무나 많은 사람들의 눈과 손을 만들어야 하기 때문에 간혹 실수로 잘못 만드는 수도 있다.

사람들 사이에는 눈이 있어도 바로 보지 못하고, 손이 있어도 바른 일을 못하는 사람들이 있다. 천수천안보살은 그렇게 잘못 만든 손과 눈을 고치기 위해서 이 세상에 내려왔다고 한다. 바로 축신장, 즉 소의 화신으로 이 세상에 나타난 것이다.

그런데 천수천안보살은 눈이 천 개나 되고 손도 천 개여서 보는 것도 많고 하는 일도 많다. 많은 것을 보고 있어서 모르는 세상일이 없으며 때로는 보기 싫은 것도 보는 수가 있다. 천 개의 손은 잠시도 쉬지 않고 일을 하므로 늘 바쁘고 고달프다.

3. 인신장(寅神將)

인(寅, 범 인) 자는 연(演, 윤택할 연) 자에서 삼수변을 뺀 글자이다.

역학에서 인은 음력 정월 입춘이며 추운 겨울에 움츠렸던 초목이 따뜻한 봄 기운을 만나 땅 위로 힘차게 자라나는 모습을 상징한다.

실로 위세당당한 괘상이므로 호랑이를 배정하였다.

범은 양성이며 네 발에 송곳 같은 5개의 발톱이 있다.

방위는 동쪽으로 치우친 동북간이며, 시각은 새벽 3시에서 5시까지이고, 동쪽 하늘의 구름이 태양을 품는 시기와 일치한다. 양기가 넘치도록 나와 만물이 활발하고 강하게 활동하려는 의욕적인 상태를 상징한다.

인신장, 즉 호랑이는 대륜 보살(大輪菩薩)의 화신이다.

하늘 나라의 많은 보살들은 여러 가지 일들을 할 때 권능의 수레를 타고 다녀야 한다.

대륜 보살은 그 수레를 손수 만드는 보살이다. 그는 다른 보살이 탈 수레를 만들어 주어야 하는 것은 물론이고, 자신이 타고 다니는 수레도 만든다.

뿐만 아니라 인간들이 타는 권능의 수레도 만들어서 사바 세계로 보냈는데, 인간들은 그 수레를 세상을 평화롭게 다스리는데 쓰지 않고 오히려 살생을 하고 전쟁을 하는 데 사용했다.

그래서 대륜 보살은 그것을 막으려고 직접 수레를 타고 인간 세상에 내려와서 잘못된 무리들을 평정하고 인간 세상의 불안과 공포를 없앤다. 그러기 위해서 인신장의 모습으로 나타난 것이다.

나쁜 무리들을 무찔러야 하므로 불같이 빠른 생각과, 무서운 성품도 지녔지만 착하고 약한 사람을 도와주는 정도 있다고 한다.

4. 묘신장(卯神將)

묘(卯, 무성할 묘)는 묘(茆, 순나물 묘) 자에서 초두(艹)를 떼어낸 글자이다.

묘는 만물이 잘 자라는 중춘(仲春)의 계절로서 음력 2월을 나타내고, 묘시(卯時)는 아침 5시부터 7시 사이의 여명을 말한다.

방위는 정동방이며, 밝은 해가 하늘에 높이 떠서 만리를 비춰 주는 것을 상징한다. 주역(周易)에서는 양(陽) 가운데 음(陰)을 포함하고 있으므로 달나라의 토끼(月兎)를 여기에 배정했다고 한다.

묘는 만물이 땅 위로 힘차게 올라오는 것을 뜻한다.

동화 속에도 늘 정직하고 슬기로운 짐승으로 등장하는 토끼는 십이지신 중에서도 그 성질 그대로를 유지하고 있다.

원숭이와는 사이가 별로 좋지 않은데 원숭이가 까부는 것을 몹시 싫어한다고 한다.

인간 세상에 암흑을 막기 위해 창공에 달을 만들어야 하는데, 달을 만드는 일은 여간 힘이 드는 일이 아니므  로 혼자서는 할 수 없다. 그래서 여러 보살들이 힘을 모아 달을 만드는데 수월 보살(水月菩薩)도 달을 만들어서 인간 세상에 광명을 주려고 애쓰는 보살 가운데 하나라고 한다.

 수월 보살은 모든 강이나 물에 비친 달 그림자를 모두 달이 되게 하려고 노력한다. 그러나 그 달 그림자를 실제의 달인 양 인간들이 착각해서는 안 된다고 생각하고 강이나 호수에 만든 달을 다시 건지러 인간 세상에 내려왔다고 한다.

환상의 달을 찾기 위해 인간 세상에 내려온 수월 보살은 토끼의 모습으로 나타난 것이다.

그리하여 물에 빠진 달을 찾느라 오늘은 이 산으로 내일은 저 산으로 뛰어다니는데 달을 찾으면 하늘 나라로 보낸다.

한 개라도 물에 잠긴 달을 남기지 않고 모두 찾아야 한다는 신념을 지니고 있어서 어떤 역경도 견디며 끝까지 목적을 달성하는 강한 의지와 인내력을 상징한다고 할 수 있다.

5. 진신장(辰神將)

진(辰)은 동쪽으로 치우친 동남간 방향이며, 양기가 발동하여 화창하고 따뜻한 봄날이 무르익는 청명곡우(清明穀雨)의 계절로서 만물이 떨치고 일어나는 시기를 상징한다. 그러므로 진은 진(震)에서 우(雨)를 떼어낸 글자로 표현한다.

진은 승천하는 용의 성정(性情)을 갖고 구름을 부르고 비를 마음대로 내리게 하며, 하늘을 마음대로 나는 용의 재주와 기상에 비유된다.

발톱으로 여의주를 쥐고 마음대로 조화를 부리는 용은 양기를 상징한다. 시각은 태양이 온 산천을 비치는 오전 7시에서 9시에 해당한다. 만물이 기개(氣慨)를 펴고 무한히 발전해 나가는 기상을 지니고 있음을 뜻한다.

진신장은 관세음 보살의 화신이다.

관세음 보살은 소리를 볼 수 있는 신통력을 가진 보살이며 자비의 화신으로 잘 알려져 있다.

사바 세계의 중생들이 구원의 목소리로 애원하면 관세음 보살은 그 목소리를 모두 보고 듣고 분석해서 그들의 소망을 이루어 준다고 한다.

그런데 어느 날 너무나 많은 인간들이, 너무나 많은 여러 가지 일들을 한꺼번에 관세음 보살에게 애원했기 때문에 잠시 혼돈을 일으켜 사실을 잘못 판단하고 아미타불에게 틀리게 보고하게 되었다고 한다.

그래서 관세음 보살은 즉시 인간 세상에 용의 모습으로 나타나서 잘못된 사실들을 바로잡고, 인간과 함께 살면서 인간 곁에서 애원을 정확하게 듣고 구원을 펴기로 한 것이다.

인간들의 말을 한마디도 놓치지 않고 모두 정확하게 들어서 아미타불에게 사실대로 보고하고, 그들이 훗날 심판을 받을 때 공정하게 되도록 하고 있다고 한다.

6. 사신장(巳神將)

사(巳)는 양기가 극치에 달하고 음이 쇠퇴하여서, 이미 음이 붕괴되는 상을 나타낸다.

모든 사물이 성숙기에 이르러 잠시 정지하는 모양이다.

절후로는 입하(立夏)이며 음력 4월이다.

이 시기에는 뱀이 왕성하게 활동하는데, 뱀의 혀가 둘로 가라져 있으므로 뱀의 혀는 음성(陰性)에 배당된다.

이 시기는 옛날 천자가 하늘에 제사를 지내는 달이므로 사(祀) 자에서 시(示) 자를 뺀 것이라고 하는 사람도 있다.

사는 양기(陽氣)가 충만하여 극치에 달한 상태이다. 그래서 사람들이 양기가 부족하다며 몰지각하게 뱀을 먹기도 한다.

관자재 보살(觀自在菩薩)은 무지한 인간들을 잘 교육하여 지혜의 등불을 밝혀 주고, 올바르고 행복하게 살도록 중생을 교육하는 보살이다.

그러나 중생의 능력과 근기가 천차만별이므로 그들을 교육하기에 앞서, 우선 모든 중생의 성품을 알 필요가 있다.

그래서 천차만별인 중생의 능력과 근기를 정확하게 알기 위해서 인간 세상에 직접 내려와 인간들과 직접 접하면서 인간의 근기를 연구하기로 하였다. 그리하여 사신장, 즉 뱀신으로 변신하여 인간 세상에 나타난 것이다.

뱀은 땅을 기어다닌다. 가장 낮은 곳에서 모든 것을 빠짐없이 관찰하여 한 사람 한 사람의 능력과 근기를 모두 살피고 그들의 정도에 맞게 교육을 한다. 눈이 있어도 실상을 보지 못하고, 귀가 있어도 실상을 듣지 못하는 중생들을 교육시키는 것이 임무라고 한다.

7. 오신장(午神將)

오(午)는 양기가 한참 성할 때를 상징하는데 절후로는 하지(夏至)이고 5월을 뜻한다.

오는 음기와 양기가 상반(相伴)된다는 뜻으로 오(忤, 미워할 오)에서 심(忄) 자를 뺀 것이다. 음양이 서로 교합함에 서로 놀라고 서로 미워하는 것을 상징한다.

말은 양물(陽物)이며 말발굽이 통짜로 되어 있고 갈라져 있지 않기 때문에 홀수인 양효(陽爻)를 상징한다. 시각은 정오부터 오후 중간 지점까지이다.

오신장은 여의륜 보살(如意輪菩薩)의 화신이고 여의륜 보살이 여의주를 만드는 보살이다.

많은 인간들과 천신들은 여러 가지 소망을 가지고 있고 그 소망이 모두 이루어지기를 간절히 바라는데, 그러한 무리들에게 여의주를 주면 그 소망이 모두 이루어진다고 한다.

그래서 여의륜 보살은 여의주를 많이 만들어서 그의 창고 속에 넣어 두고, 아미타불의 지시에 따라 여의주가 꼭 필요한 무리들에게 나누어 준다. 별나라의 신들에게도 여의주를 주고 인도환생하는 사람에게도 주고 짐승들에게도 나누어 준다.

그리고 신들이 여의주를 얻으면 신통력이 자유로워 별나라를 평정하고 모든 마귀를 항복시키고 우주에 평화를 가져온다고 한다.

짐승들이 여의주를 가지면 용이 되어 승천해서 하늘을 마음대로 날고 신통력을 얻게 되고, 인간이 여의주를 가지면 소망을 이루고 복락을 누리게 된다.

그래서 여의륜 보살은 인간들에게도 많은 여의주를 주었는데, 인간들은 그 진가를 모르고 모두 시궁창에 버렸다.

그래서 그는 오신장(午神將), 즉 말의 신으로 이 세상에 나타나 자신의 복락에 취해서 진짜 복락을 모르는 인간들에게 여의주의 사용 방법을 가르치기로 하였다고 한다.

진실한 행복은 여의주를 잘 다루면 이루어지는 것이다.

8. 미신장(未神將)

미(未)는 계절적으로 소서(小署)·대서(大暑)를 포함하는 음력 6월에 해당한다.

모든 초목은 그 열매가 성숙하는 시기이고, 이미 입에 맞도록 맛이 든 열매도 있다. 그래서 미는 미(昧, 맛 미) 자에서 구(口) 자를 떼어낸 것으로 표현한다.

시각은 오후 1시에서 3시 사이이다.

또한 미는 의지가 굳고 온순하며, 양의 기운이 쇠퇴하는 것을 뜻하고 있다.

미신장은 대세지 보살(大勢至菩薩)의 화신이다.

대세지 보살은 지혜의 보살로서, 이 넓은 우주에 모든 별들과 인간 세상을 모두 빠짐없이 살펴서, 모든 중생들의 선악을 다 아미타불에게 보고한다.

보고하는 것으로서만 그치는 것이 아니고 잘못된 것은 고쳐 주고, 잘하는 것은 격려하고 도와주기도 한다.

그러나 별마다 중생들의 마음과 생활이 다르고, 별마다 살고 있는 중생들도 달라서 그 일은 여간 어렵고 복잡한 것이 아니다.

그러한 별들 가운데 인간들이 사는 사바 세계가 너무나 복잡다단하고 일이 많아서, 직접 내려와 가까이에서 관찰하고 파악하기로 하였다.

잠시도 쉴 새 없는 바쁜 몸이어서 항상 분주하고, 잠시도 한곳에 오래 머무를 시간이 없다. 그러나 그의 지혜와 한량 없는 권위는 그 복잡하고 힘든 일들을 잘 감당하고 있다.

9. 신신장(申神將)

신(申)은 계절로는 백로(白露)에 이르는 음력 7월이며, 만물이 이미 성숙해서 단맛은 생겼으나 아직 씨앗이 확실히 여물지 않은 시기를 상징한다.

그러므로 다시 한번 더 몸을 펴고 일어나야 하는 신기(伸起)가 필요한 시기이므로, 신(伸) 자에서 인(亻)을 뺀 것이 신이다.

신은 오후 3시에서 5시 사이이며, 여름에 고단하던 일과에서 벗어나 낮잠 한잠 자고 오후의 일을 하기 위해 다시 일어나는 시각이다. 만물의 형체가 완성되었으나 아직 핵심 부분이 미숙함을 뜻한다.

신신장은 십일면 보살(十一面菩薩)의 화신이다.

무수한 별들에는 무수히 많은 신들이 살고 있다.

그들이 모두 아미타불을 찾아갈 때 그들을 잘 접대하기 위해서는 그들과 잘 어울리는 접대자가 있어야 한다.

찾아오는 신들이 너무나 다양하므로, 그들을 접대하는 신은 얼굴이 11개나 되는 십일면 보살이 좋다고 결정되었다.

십일면 보살은 슬픈 사연을 들을 때는 슬픈 표정의 얼굴로 대하고, 기쁜 사연을 들을 때는 기쁜 표정의 얼굴로 대하며, 진지한 이야기를 들을 때는 진지한 표정의 얼굴로 대한다고 한다.

이렇게 아미타불을 찾아오는 모든 신들의 이야기를 잘 듣고 편파 없이 소임을 잘하였는데, 어느 날 하나의 신에게 너무 많이 집중하다가 다른 신의 이야기를 놓쳐서 그 직분을 다하지 못하게 되었다.

그래서 아미타불로부터 수만 수억의 얼굴이 있는 인간 세상에 내려가서 인간들의 그 많은 표정을 잘 배워 오라는 명령을 받았다.

그리하여 그는 원숭이의 신으로 이 세상에 나타나서 사람들의 얼굴 표정을 흉내내며 그 많은 표정을 배우게 되었다.

그는 인간들의 표정을 배우는 한편, 누가 착한 사람인지 누가 나쁜 사람인지를 가려서 빠짐없이 아미타불에게 보고한다고 한다.

10. 유신장(酉神將)

유(酉)는 황도(黃道)에서 추분점(秋分点)을 중심으로 할 때 서쪽에 해당되며 시각으로는 하오 5시에서 7시까지를 뜻한다.

동쪽 하늘에 찬란히 뜬 해가 서산으로 지려는 때이다.

모든 곡식과 과실들이 다 익고 이제 그 생명력을 씨앗 속에 깊이 저장하여, 다가오는 봄에 다시 싹트고자 조용히 힘을 기르는 겸양의

일곱번째 이야기 · 십이지신 149

뜻이 담겨 있다.

유는 본래 술독을 의미하는 상형 문자이고, 또 새로 술을 담근다는 뜻이 있다고 한다.

닭은 발가락이 4개이므로 음에 속하기 때문에 어에 배당한 것이다.

유는 만물이 그 결실이 완료됨을 상징한다. 유신장은 군다리 보살(軍茶利菩薩)의 화신이다.

군다리 보살의 임무는 별나라마다 침입을 일삼는 악마를 무찌르고 선을 지키는 일이다. 담이나 울타리가 없는 별나라에서 악마의 침입을 막는다는 것은 여간 어렵고 힘든 일이 아니다.

특히 모든 사람들의 마음에 숨어드는 악마를 막기란 너무나 어려운 일이다.

어느 날 군다리 보살은 잠시도 틈을 주지 않고 침입하는 마귀를 지키다가 그만 잠시 깜빡 졸았는데, 그 순간 들이닥친 악마들이 인간들의 마음속에 꼭 틀어박혀 인간 세상을 혼란케 하고 인간들에게 나쁜 행위를 하게 한다. 이에 분노한 그는 칼을 빼들고 인간 세상에 내려왔다. 그리하여 닥치는 대로 마귀를 무찌른다. 그는 분노의 신이며 성질이 급하다. 인간 마음속에 숨은 마귀를 무찌르기 위해서는 잠시도 지체할 수 없고,

마귀와는 한치의 양보도 타협도 있을 수 없다.

　인간 마음속의 마귀를 잡아 주는 군다리 보살이 있기에 인간들은 양심을 지키고 잘살 수 있는 것이다.

11. 술신장(戌神將)

　술(戌)은 계절적으로는 한로(寒露)에서 입동(立冬)에 이르는 음력 9월의 늦가을을 상징한다.

　이 시기에 양기는 아주 땅 속에 잠기고 번식의 경영을 끝낸 나뭇잎은 땅에 떨어지고 초목이 마르며 만물이 퇴락하고 생기가 멸하는 때이다.

　그러나 아주 고사(枯死)한 것이 아니라 세력을 거두어 뿌리에 모아 두었다가 다음해 봄이 오면 다시 생명을 신장시킬 준비를 하는 것이다.

　음력 9월에는 지엽(枝葉)이 고멸(枯滅)된다는 뜻에서 멸(滅)에서 수(氵)를 빼서 표시한다. 또 겨울 내내 충직하게 세력을 지킨다는 뜻에서 주인에게 충실한 개를 배당한 것이다.

　술은 만물의 생성일대(生成一代)가 멸진(滅盡)했음을 뜻한다.

　술신장은 정취 보살(正趣菩薩)의 화신이다.

　정취 보살은 하늘 나라의 여러 신들이 모일 때 신들의 화합과 친목

을 도모하기 위해서 예술적인 행사를 주관하는 신이다.

천인들을 불러 모아 음악을 연주하게 하기도 하고 춤을 추게 하기도 하여 여러 신들을 즐겁게 하는 소임을 맡았다.

그런데 어느 날 여러 신들을 위해서 행해야 하는 예술 행사에서 자기 자신에게 도취되어 자기만 즐기는 행사를 하고 말았다.

그리하여 많은 신들이 불평을 하고 그의 잘못을 지적하였다. 아미타불이 이를 알고 그를 개의 신으로 변신시켜 인간 세상에 내려 보냈다.

인간 세상에 내려온 그는 별나라의 신들을 취하게 하던 예술적 능력으로 지상에서도 자신의 능력을 잘 발휘하여 인간들과 가장 친하고 밀접한 관계를 맺으며 하늘 나라에 다시 돌아갈 때까지 잘 어울려 살고 있다.

감정이 풍부하고 성격이 온순하며 비록 말은 통하지 않으나 인간과 가장 친하게 하는 것도 그가 천상에서 지녔던 높은 예술성 때문이라고 한다.

12. 해신장(亥神將)

해(亥)는 방위로는 북서이며 계절로는 대설(大雪) 전후이다.

만물이 휴식하고 모든 것을 안으로 품고 있는 기상이다.

초목의 종자가 땅 속에 숨어 있으면서 봄을 기다리고 있으니 해는 핵(核) 자의 목변(木)을 떼어낸 것이다.

음력 10월에 해당되며, 시각은 오후 9시에서 11시 사이이다.

해는 핵(核)이라는 뜻이며, 만물의 일대는 끝이 났지만 그 일대의 씨앗이 수장되어 있다는 것을 뜻하는 것이다.

해신장은 아미타불의 화신이다. 아미타불은 우주의 본원인 시간과 공간의 주역으로서 모든 별나라의 신들과 하늘 나라의 보살들을 총괄하는 절대자이다.

어느 날 아미타불은 인간의 생명을 얼마로 하는 것이 가장 적당하고, 인간이 차지해야 하는 공간은 어느 정도가 좋은지 알아보려고 직접 몸을 변신하여 지상에 내려왔다. 바로 돼지의 신으로 변신해서 인간들 앞에 나타난 것이다.

인간의 수명과 인간이 사는 공간을 다시 평가해서 정하려고 인간 세상에 내려온 아미타불은 돼지의 신이 되어 인간 세상의 모든 곳을 두루두루 다 살펴보았다. 그래서 가장 공정하고 가장 합당한 인간들의 수명과 공간을 결정하게 된 것이다. 그 사람의 근기와 능력에 따라 알맞은 수명과 생활 여건을 부여한다고 한다.

· · · · ·

여덟번째 이야기

관세음 보살(觀世音菩薩)

관세음 보살(觀世音菩薩)

관세음 보살은 관자재(觀自在)·광세음(光世音)·관세자재(觀世自在)·관세음자재(觀世音自在)·관음(觀音) 등 여러 가지 이름으로 불리며, 대자대비(大慈大悲)를 근본 서원으로 하는 보살이다.

무량수경에 의하면 이 보살은 아미타불의 왼쪽 보처로서 아미타불의 교화를 돕고 있다고 한다.

세상의 모든 소리를 보고 들을 수 있는 신통력을 갖고 있으므로, 누구든지 그 이름을 부르면 그 음성을 보고 듣고 중생을 구제해 준다고 한다.

관세음 보살은 모든 중생의 마음에서 두려움을 없애 주고, 자비를 베풀어 주며, 천태만상인 중생의 근기에 따라 여러 가지 모습으로 나타나 중생을 고통에서 건져 준다. 이와 같이 중생의 근기에 따라 여러 가지 형태로 나타나는 것을 보문시현(普門示現)이라고 한다.

그러므로 관세음 보살은 33신(身)이나 되는 많은 몸이 있다고 한다. 관세음 보살의 33신은 다음과 같다.

1. 불신(佛身)
2. 벽지불신(辟支佛身)
3. 성문신(聲聞身)
4. 대범왕신(大梵王身)
5. 제석신(帝釋身)
6. 자재천신(自在天身)
7. 대자재천신(大自在天身)
8. 천대장군신(天大將軍身)
9. 비사문신(毘沙門身)
10. 소왕신(小王身)
11. 장자신(長者身)
12. 거사신(居士身)

13. 재궁신(宰宮身)　　　14. 바라문신(波羅門身)
15. 비구신(比丘身)　　　16. 비구니신(比丘尼身)
17. 우파새신(優婆塞身)　18. 우파이신(優婆夷身)
19. 장자부녀신(長者婦女身)　20. 거사부녀신(居士婦女身)
21. 재관부녀신(宰官婦女身)　22. 파라문부녀신(波羅門婦女身)
23. 동남신(童男身)　　　24. 동녀신(童女身)
25. 천신(天身)　　　　　26. 용신(龍身)
27. 야차신(夜叉身)　　　28. 건달바신(乾闥婆身)
29. 아수라신(阿修羅身)　30. 가루라신(迦樓羅身)
31. 긴나라신(緊那羅身)　32. 마후라가신(摩睺羅伽身)
33. 집금강신신(執金剛神身)

이와 같이 많은 몸을 가졌으므로 벽화에 나타나는 모습도 다양하다. 왼손에 연꽃을 든 것은 중생이 본래 갖춘 불성을 표시하는 것이고, 그 꽃이 핀 것은 불성이 드러나서 성불한 뜻을 나타내는 것이며, 꽃봉오리로 있는 것은 불성이 번뇌에 물들지 않고 장차 필 것을 상징하고 있다.

관세음 보살의 본래 모습은 성관음상(聖觀音像)이지만 이것 외에도 6관음이라 하여 천수관음(千手觀音)·마두관음(馬頭觀音)·십일면관음(十一面觀音)·준제관음(準提觀音)·여의륜관음(如意輪觀音) 등의 화신(化身)을 합하여 6관음이 있다. 그러나 벽화에 나타난 관음은 일반적으로 성관음이다.

1. 연꽃이 핀 바위 위의 백의 관음

옛날 중국 양나라에 석혜간(釋慧簡)이라고 하는 스님이 있었다.
  그 스님은 엄정하게 계율을 지키고 진실하게 공부를 하는 훌륭한 스님이었다.
  어느 날, 형주(荊州) 태수의 초청을 받고 그 지방의 관방에 갔는데, 청사 동쪽에는 외딴집이 있었다.
  그 집에는 귀신이 있어서 보통 사람이 감히 들어갈 수 없는 흉가였다. 그 말을 들은 혜간 대사는 자청해서 그 집에 들어가 보겠다고 하고 방 한 칸을 치우게 했다.
  다른 사람들이 모두 물러간 다음 혜간 대사는 방안에 향과 촛불을 켜고 조용히 관세음 보살의 명호를 부르며 앉아 있었다.

그런데 자정이 넘자 갑자기 눈이 없는 괴상한 사람 하나가 검은 옷을 입고 벽 가운데로부터 불쑥 나오더니 대사가 앉아 있는 문 앞에 와서 쪼그리고 앉았다.

이를 본 대사는 겁을 내거나 동요하지 않고 평상시와 똑같이 관세음 보살의 이름만 지성껏 생각하고 외웠다. 그랬더니 그 귀신은 다시 슬그머니 벽 가운데로 사라지고 말았다.

대사는 조용히 일어나서 양치질을 하고 더욱 열심히 관세음 보살의 이름을 부르면서 앉아 있다가 그만 잠이 들었다.

그런데 꿈속에 그 귀신이 다시 나타나서 대사에게 말했다.

"나는 한나라 말엽부터 이곳에서 이미 수백 년을 살아왔다. 내 성품이 괴악하여 누구든지 사람을 만나면 그냥 두지 않고 몹시 괴롭히거나 죽였는데, 대사는 관세음 보살을 일념으로 찾으며 열심히 수행하는 사람이므로 어쩔 수 없이 그냥 둘 수밖에 없다." 그리고 어디론가 사라져서 다시는 나타나지 않았다고 한다.

그 말을 들은 태수는 매우 기뻐하였고 그때부터 모든 관원들도 관세음 보살의 명호를 열심히 부르게 되었다고 한다.

2. 한손에 버들가지를 든 백의 관음

옛날 관세음 보살을 열심히 외우고 공양을 올리는 한 여자가 살고 있었다. 그런데 그 여자는 삼생(三生) 전에 사소한 원한으로 어떤 사람을 몰래 독을 먹여 죽인 적이 있었다.

그것이 원귀(怨鬼)가 되어 그 여자를 계속 따라다니며, 항상 원수를 갚으려고 기회를 노리고 있었다. 그래서 그 여자의 자식으로 태어나 두 살만 되면 죽어 버리기를 세 번이나 했다.

원귀는 태중에 그 어머니를 못 견디게 들들 볶아서 죽여 버리려는 계획이었다. 그러나 그 어머니가 열심히 관세음 보살을 외우므로 어머니를 죽일 수가 없기 때문에 어머니의 가슴에 자식을 잃은 슬픔을 안겨 어머니의 간장을 말리게 했다.

그 여자는 그 자식이 원수인 줄도 모르고, 태어난 자식이 일찍 죽는 것이 원통해서 관세음 보살에게 자식의 단명함을 원망하였다.

이 말을 들은 관세음 보살은 스님의 몸으로 나타나 죽은 아이를 강변에 버리며 여자가 슬프게 우는 곳으로 가서 말했다.

"이 어리석은 여자야, 그렇게 슬피 울지 말라."

여자는 화를 내며 말했다.

"남은 자식을 잃어 간장이 무너지는데 무슨 말입니까?"

"그 죽은 자식은 진짜 자식이 아니라 당신의 전생의 원수요. 그 원수가 태어났다가 죽은 것을 불쌍하게 생각하고 울면 그게 바로 원수의 보복을 받는 것이오. 당신이 울고 있는 것을 보고 그 원수는 손뼉을 치며 깔깔 웃고 있을 거요. 삼생 전에 당신이 어떤 사람을 사소한 원한으로 독살한 일이 있었는데, 그 죽은 사람이 원수로 태어나서 세 번이나 당신에게 보복하려 하였으나, 당신이 일념으로 관세음 보살을 외우며 의지하였기 때문에 그 원귀는 목적을 이루지 못하고 번번이 자기가 죽고 만 것이오. 만일 내 말을 못 믿겠거든 저기를 보시오."

그 여자가 이 말을 듣고 스님이 가리키는 쪽을 바라보니 과연 무서운 귀신이 물 가운데 서서 소리치고 있었다.

"이 년! 너는 나를 죽인 원수다. 내가 너를 죽이려고 세 번이나 시도하였으나 번번이 실패한 것은 네가 관세음 보살을 믿고 모다라니를 외워서 밤낮으로 관세음 보살과 선신이 너를 옹호하기 때문이다. 그래서 할 수 없이 포기하고 가는데, 나도 관세음 보살의 신통력에

의지해서 다시 원수를 맺지 않기로 결심하고 그냥 가는 것이니 그리 알고 잘살아라."

그때서야 그 여자는 모든 것을 바로 깨닫고 관세음 보살을 의지하며 신심을 더욱 돈독히 하였다.

그 후 그 여자는 자기와 인연이 있는 좋은 아기를 낳아 잘 기르며 행복하게 오래 살았다고 한다.

3. 한 잎 연꽃을 타고 바다를 건너는 관음

옛날 전라남도 유마사(惟摩寺)에 한 젊은 거사 한 사람이 있었다.

그는 오계(五戒)를 받은 착실한 불제자이지만 남달리 음욕이 강해서, 여자만 보면 유혹하고 싶은 마음이 생겨나서 수작을 걸다가 망신을 당하고 매를 맞기도 하였다.

그래서 관음 기도를 열심히 해서 음욕을 끊게 해달라고 기원하였다.

어느 날 한 낯선 늙은 사람이 예쁜 딸을 데리고 절에 와서 유숙하고 있었는데, 그 딸의 미모가 너무나 뛰어나서 청년은 욕정을 억제할 수가 없었다.

청년은 어느 날 밤 사람들의 눈을 피해 미인에게 자기의 마음을 하소연했더니 미인은 어렵지 않게 허락하였다.

젊은 청년은 즉시 처녀를 데리고 음행할 장소를 찾아보았는데 아무래도 법당 불장 뒤가 가장 으슥하고 좋을 것 같았다.

처녀에게 그리로 가자 하니 처녀는 서슴지 않고 청년을 따라갔다.
 그런데 불장 뒤는 여러 날 청소를 하지 않아 먼지가 쌓이고 더러웠다. 처녀가 너무 지저분하다고 하였으므로 청년은 벽에 걸려 있는 긴 관음 탱화를 벗겨서 엎어 놓았다.
 처녀는 탱화를 뒤집어 깔지 말고 바로 깔라고 하자 청년이 말했다.
 "보살 얼굴이 빤히 보이는 곳에서 어찌 그 짓을 할 수 있겠소."
 이 말을 들은 처녀는 그때서야 정색을 하고 청년을 꾸짖었다.
 "이 놈! 너는 어찌 죽은 관음상만 두려워할 줄 알고 산 관음상은 존경할 줄 모르느냐! 그렇게도 도력이 없는 자가 무슨 음행을 즐기자는 건가."
 청년은 혼비백산하였고 불순한 생각도 단번에 달아나 버렸다.
 "대성관세음 보살님, 모든 죄를 참회하오니 대도를 이루게 하여 주소서."
 청년은 진심으로 빌었다. 그리고 눈을 돌려 보니 그 처녀는 온데 간데없이 사라져 버렸고 처녀가 섰던 자리에 연꽃 한 잎이 떨어져 있었다.

4. 협부(挾府)의 미녀 관음화신(觀音化身)

 옛날 중국 당나라 때 협부에 사는 사람들은 성질이 포악하고 무지해서 살생, 방화, 구타, 강도, 강간 등을 일삼고 살았다.
 이것을 본 한 스님이 그들을 구제하기 위해 초막을 짓고 50일 동안 일념으로 관음 기도를 올렸다. 그러자 원화(元和) 12년 관세음 보살(觀世音菩薩)이 아리따운 미녀로 화하여 그들 앞에 나타났다.

사람들은 그 미녀의 용모에 혼이 팔려 서로 다투어 그 미인에게 청혼을 하였다. 그러나 그 미녀는 어찌 한 여자의 몸으로 여러 남자의 요구를 다 들어 줄 수 있겠느냐고 하였다. 관음경(觀音經)을 한 권씩 나누어 주고 그 경을 하룻밤 사이에 다 외우는 사람을 신랑으로 삼겠다고 하였다.

이튿날 아침에 보니 관음경을 다 외운 남자가 스무 명도 넘었다.

그래서 그 미인은 다시 말하기를, "여러분들이 제 말대로 관음경을 외우신 것은 참으로 고마운 일인데, 제 한 몸으로 어찌 20여 명의 남편을 섬길 수가 있겠습니까?"하면서 이번에는 금강반야밀경(金剛般若密經)을 나누어 주고 또 하룻밤 사이에 외우는 사람의 아내가 되겠다고 했다.

다음날 아침이 되자 다섯 명의 남자가 금강반야밀경을 외웠다.

미인은 그들에게 "미안하지만 제가 혼자서 다섯 명의 남편을 섬길 수 없는 일이 아닙니까?" 하면서, 이번에는 그들에게 법화경(法華經) 일곱 권씩 나누어 주었다. 그리고 삼일 만에 법화경을 모두 외우는 사람의 아내가 되겠다고 하였다.

약속한 삼일이 되자 마랑(馬郞)이라는 사람만이 합격을 했다. 그래서 마랑과 혼인하기를 약속하였다. 아름다운 미녀를 아내로 삼게 된 마랑은 꿈만 같았다. 행복에 부푼 마랑은 모든 준비를 갖추고 미인을 아내로 맞이할 날만을 기다렸다.

드디어 기다리던 혼례일이 되었다.

아름답게 단장한 신부가 대례청으로 내려서서 식을 막 올리려고 하는데, 그 미인은 갑자기 현기증이 난다고 하면서 잠깐 방에 들어가 쉬게 해달라고 하였다.

방에 들어간 신부는 자리에 눕자마자 숨결이 가빠지더니 혼수 상태에 빠져 그만 죽고 말았다.

마랑의 비통함은 이만저만이 아니었다.

천하의 미인도 죽고 나면 한줌의 흙이 되고 마는 것을 본 협부 사람들도 인생의 무상함을 뼈저리게 느끼고 그때부터 올바른 사람이 되겠다고 결심했다.

마랑은 혼례식에 쓰려고 장만한 음식과 술로 미인의 장례를 치루었다.

미인이 죽은 며칠 뒤 붉은 옷을 입은 한 노승(老僧)이 마랑의 집을 찾아와서 미인을 보기를 원했다.

마랑이 그 미인은 이미 저 세상에 간 지 오래이고 장사까지 지냈다고 말하자, 그 노승은 그렇다면 무덤이라도 가르쳐 달라고 하였다.

무덤에 간 노승은 마랑에게 무덤을 파 보라고 하였다.

마랑은 크게 노하며 완강하게 거부했다. 그러나 간곡히 권하는 노승의 말이 이상해서 사람을 시켜 무덤을 팠더니 관 속에는 신부의 시체가 들어 있지 않고 황금 사슬이 많이 쌓여 있었다.

노승은 그 황금 사슬을 바위 위에 올려 놓으라고 했다.

그랬더니 황금 사슬이 돌연 변해서 관세음 보살(觀世音菩薩)이 되어 의젓하게 바위 위에 앉아 있는 것이었다.

그때 노승은 마랑을 보고, "미인은 다른 사람이 아니고 바로 관세음 보살님인데 이 협부 사람들을 교화하기 위해 미녀로 화하여 이렇게 신통력을 보인 것이니, 이곳 사람들은 오늘부터 관세음 보살님께 귀의해서 모든 죄를 소멸받고 복을 받도록 하시오."라고 말하고는 홀연히 어디론가 가 버렸다.

마랑은 이 광경을 보고 마침내 머리를 깎고 중이 되었고 협부 사람들을 올바른 길로 교화하였다고 한다.

5. 조신(調信)의 꿈

신라 때에 세규사(世逵寺)라는 절에 조신(調信)이라는 젊은 스님이 있었다.

어느 날, 절에 불공을 드리러 온 그 지방 태수 김흔공(金昕公)의 딸을 보게 되었다. 조신은 그 아름다운 처녀를 잊을 수가 없었다.

그러나 승려인 자신의 처지로서는 어찌할 수가 없었으므로 낙산사(洛山寺)의 관세음 보살을 찾아가서 그 처녀와의 사랑이 이루어지도록 일념으로 기원을 하였다.

그러나 낙산사 관세음 보살에게 지극 정성으로 빌었건만 그 처녀는 끝내 다른 신랑을 얻어서 시집가고 말았다.

그 소식을 전해 들은 조신은 하늘이 무너지는 듯했고 관세음 보살이 원망스럽기만 했다.

그는 단숨에 관세음 보살 앞으로 달려갔다. 법당에 들어선 그는 관세음 보살 앞에 주저앉아 끝내 울음을 터뜨리고 말았다.

해가 저물고 밤이 깊도록 보살 앞을 떠나지 않고 울다가 그는 자신도 모르게 잠이 들었다.

그런데 그때 방문을 조용히 열고 들어오는 인기척이 있었다. 조신이 바라보니 그토록 애타게 기다리던 태수의 딸이 웃으면서 말하는 것이었다.

"제가 일찍이 스님을 먼 발치에서 뵈옵고, 마음으로 사랑했으나 부모님의 엄하신 분부로 본의 아니게 다른 사람에게 시집을 갔습니다. 그러나 스님 생각이 간절해서 이렇게 왔습니다. 이제 한평생 함께 고락을 같이 하며 부부가 되기를 원합니다."

조신은 꿈이 아닌가 의심하면서도 너무나 기뻐서 처녀를 얼싸안았다. 그들은 그렇게 해서 부부가 되었다.

조신은 승려의 신분을 버리고 아내와 함께 그의 고향으로 갔다. 거기서 농사를 지으며 40년 세월을 살았다. 그 동안 아이를 다섯이나 낳았으나 살림이 너무 가난해서 끼니를 이어가기가 힘이 들었다.

거기에다 몇 년째 계속되는 흉년으로 풀뿌리마저 캐먹을 것이 없게 되자, 조신의 식구들은 살던 집을 버리고 걸식을 하러 정처 없이 방랑의 길을 떠났다.

겨울에 먹을 것, 입을 것이 없는 그들은 모두 몸에 무거운 병마저 들어 고생이 이만저만이 아니었다.

명주(溟州) 해현령(蟹顯嶺)을 넘을 때 열다섯 살 되는 맏아들이 추위와 굶주림으로 죽고 말았다. 뿐만 아니라 밥을 얻으러 동네에 갔던 딸이 개에게 물려 온몸이 피투성이가 되어 돌아왔다.

먹지 못해 바싹 마른 아이들의 모습은 부모로서 차마 볼 수 없는 처참한 꼴이었다.

울고 있던 늙은 아내는 조신에게, 지난날 억지로 만든 행복이 오늘의 불행을 자초한 것이니 모두가 자신들이 만든 업보 탓이라고 울먹였다.

그리고 이렇게 살다가는 온 식구가 모두 굶어 죽을지도 모르니 서로 두 아이씩 데리고 헤어지자고 했다.

늙은 아내는 두 아이를 데리고 친정이 있는 고향으로 가기로 했다. 거지 신세가 된 조신은 뼈만 앙상하게 남은 아내의 손을 힘없이 놓고 발길을 옮겼다.

문득 조신은 눈을 번쩍 떴다. 모두가 꿈이었다.
꿈속에서 일생을 모두 살아 버린 조신은 꿈이 현실인지 꿈인지 분간조차 할 수 없었다. 누가 켜 놓았는지 안개처럼 아련한 등불 너머로 관세음 보살이 여전히 미소짓고 자비에 넘친 얼굴로 조신을 바라보고 있었다.
이토록 허망하고 무상한 인생인 줄 모르고 한 처녀와 인연을 맺게 해주지 않았다고 관세음 보살을 원망했던 자신이 어리석고 부끄럽기만 했다.
이제 조신에게는 세속적인 탐욕의 마음이 하나도 없었다. 아름다운 여인과의 사랑을 이루지 못한 한이나 원망도 남아 있지 않았다.
꿈을 통해서 관세음 보살의 깊은 설법을 잘 들은 셈이다.
다음날 아침 물에 비친 조신의 모습은 수염과 머리가 온통 새하얗게 세어 있었다.
그 후 그는 사재를 털어서 정토사(淨土寺)를 지어 출가하였고 사문(沙門)의 본분을 지켜 진실하게 정진했다고 한다.

『삼국유사』

6. 바람 되어 화재를 막은 관세음 보살

옛날 중국 서진(西晉) 때 축장서(竺長舒)라는 인도 사람이 원강(元康, 291~299)년에 낙양(洛陽)으로 이사를 갔다.
그는 불법을 신봉하고 특히 관세음 보살에게 귀의하고 항상 관세음 보살의 명호를 부르며 성실히 살아왔다.
어느 날 그의 이웃집에서 불이 났다.
그의 집은 초가였고 때마침 바람이 그의 집 쪽으로 불고 있었으므로 불길은 걷잡을 수 없이 번져 왔다.
 너무 갑자기 당하는 일인데다가 워낙 불길이 급하게 접근해 오기 때문에 손을 쓸 수가 없었다. 집 안의 물건을 옮길 겨를마저 없었다.
 그래서 그는 오직 지극한 마음으로 관세음 보살을 불렀다.
 불이 자기 집 지붕에 붙으려는 위급한 순간에도 축장서는 오직 관세음 보살만을 일념으로 불렀다.

 어느새 이웃집마저 모두 타고 이제는 그의 집에 불길이 번지려는 순간이었다.
 그때 갑자기 반대쪽에서 바람이 세차게 불어와서 불길을 확 돌려 버렸다. 처마 밑에 붙으려던 불길은 역풍을 만나 모두 꺼져 버리고 말았다.
 그 광경을 바라본 동네 사람들은 모두 관세음 보살의 영험이라고 하였는데, 악동들은 그것을 비웃었다.

그리하여 그날 밤 그 집에 몰래 다가가서 솜방망이에 불을 붙여서 그 집 지붕 위로 던졌다.

건조한 지붕은 불이 붙기에 안성맞춤이었다. 그런데 이상하게도 불은 곧 꺼지고 말았다.

악동들은 이상하게 생각하면서도 또 불을 던져 보았다. 그러나 이번에도 불은 역시 꺼지고 말았다.

세 번을 시도해 봤으나 불은 번번이 꺼지고 말았다.

그제야 악동들은 은근히 겁을 집어먹고 모두 도망가고 말았다.

다음날 그들은 모두 함께 모여 축장서의 집으로 찾아가서, 지난밤에 있었던 일들을 고백하고 머리를 조아려 사과하였다.

축장서는 그들을 향해서 말했다.

"나는 아무런 신통력이 없소. 오로지 관세음 보살님을 송념(誦念)하였을 따름입니다. 참으로 관세음 보살님의 도움이란 위력이 있는 것이니 자네들도 마음을 깨끗이 씻고 관세음보살님을 신봉하도록 하시오."

그 소문을 듣고 이웃 마을 사람들까지도 모두 관세음 보살을 공경하게 되었다.

『관세음응험기(觀世音應驗記)』

7. 무위사수월관음도(無爲寺水月觀音圖)

무위사는 전라남도 강진군 성전면에 있는 절로서 원효 대사가 창건한 신라의 고찰이다.

이 절 극락전의 후불벽(後佛壁) 뒷면에 그려진 관음상에는 다음과 같은 전설이 있다.

    법당이 완성되고 난 다음 얼마 후 나이 많은 한 거사가 절을 찾아와서 관세음 보살의 벽화를 그릴 터이니 49일 동안 누구도 안을 들여다 보지 말라고 당부하였다.

    49일째 되던 날, 주지 스님이 문에 구멍을 뚫고 안을 들여다보니 파랑새 한 마리가 입에 붓을 물고 마지막으로 관세음 보살의 눈동자를 그리고 있었는데, 새는 인기척을 느끼고 붓을 입에 문 채 어디론가 날아가 버렸다고 한다. 그래서 지금도 후불탱화의 관세음 보살상에는 눈동자가 없다고 한다.

    일설에는 어떤 화공이 백일을 기약하고 관세음 보살상을 그리기 시작했는데 그 기간 동안은 여자와 만나서는 안 된다는 엄한 계시를 받았다.

백일을 하루 앞두고 그리움에 사무친 약혼녀가 법당에 몰래 찾아갔는데 그림은 이미 다 완성되었고 눈동자만 찍지 않은 상태였다. 그런데 여자로 인해 부정을 타서 화공은 갑자기 한 마리 파랑새로 변해서 붓을 입에 문 채 어디론가 날아가 버렸다고 한다.

8. 빈 병에 물이 차고 버들가지가 자라나다

중국 주나라 묘장왕에게는 딸이 세 명 있었는데 특히 셋째 딸 묘선공주(妙善公主)는 인물이 출중하고 마음씨가 고왔다고 한다.

묘장왕도 묘선공주를 특별히 사랑하여 좋은 부마에게 시집보내려 했으나 공주는 굳이 이를 마다하고 늘 불도를 닦으며 지냈다.

공주 곁에는 공주의 설법을 들으러 많은 사람들이 항상 모여들었다.

어느 날 공주는 빈 병을 하나 잘 보이는 곳에 놓으며 말했다.

"이 병에 물이 차고 푸른 버들가지가 자라나면 그때가 바로 내가 열반에 드는 날이다."

그 말을 들은 어린 동자는 참 이상하다고 생각했다. 빈 병에 물이 찰 리도 없고, 푸른 버들가지가 자랄 수도 없기 때문이다.

동자는 장난기가 발동해서 남몰래 그 물병에 물을 채우려 했으나 병 가까이에는 항상 공주를 따르는 사람들이 많이 있었기 때문에 장난을 칠 수가 없었다.

그래서 어느 날 동자는 공주님이 거처하는 집 바깥쪽에 섶을 쌓아 놓고 불을 질렀다.

모든 사람들은 깜짝 놀라 불을 끄러 밖으로 달려갔다. 그때 동자는 재빨리 안으로 들어가서 병에 물을 가득 붓고, 미리 준비해 둔 푸른 버들가지를 병에 꽂았다.

불을 끄고 집 안으로 돌아온 사람들은 더 놀랐다. 병에 물이 가득 차 있고 푸른 버들가지가 자라 있었기 때문이었다.

사람들이 놀라는 것을 보고 동자는 속으로 매우 재미있었다.

하지만 묘선공주는 "이제 때가 왔구나. 나는 곧 열반에 들 것이다." 라고 말하고는 서서히 최후를 준비하는 것이었다.

장난을 친 동자는 깜짝 놀라 울면서 공주 앞에 나아가 고백했다.

"공주님, 사실은 제가 장난으로 병에 물을 붓고 버들가지를 꽂았습니다. 용서해 주십시오."

"동자여, 염려 말라. 서방정토에 계시는 아미타불께서 바로 너의 손을 빌려 병에 물을 붓고 버들을 나게 한 것이다. 이제 나는 아미타불님의 부름을 받고 그 분 곁으로 가서 그 분의 중생구제 사업을 도와야 할 때다."

공주는 자비롭게 웃으며 열반에 들었다.
그리하여 묘선공주는 관세음 보살로 환생했다고 한다.

9. 강을 건네준 관세음 보살

비사오강은 작은 강이지만 배가 없으면 도저히 건너지 못하는 험한 강이었다. 그리고 그 강의 뱃사공은 뱃삯을 선불로 주지 않으면 누구를 막론하고 절대로 건네 주지 않았다.

그래서 보타산(寶陀山)에 향을 올리러 가는 사람들은 돈이 없으면 보타산을 눈앞에 두고서도 건너가지 못하고 탄식만 할 뿐이었다.

하루는 매우 궁해 보이는 스님 한 분이 배를 타려 하자 뱃사공은 뱃삯을 선불로 내라고 하였다.

스님은 간곡하게 청하였다.
"우리같이 가난한 사람에게 무슨 돈이 있겠는가? 배를 타지 못하면 범음동에 가서 관세음 보살의 성상을 못 보니 제발 태워 주게."
"스님만 못 가는 것이 아니라 누구를 막론하고 돈을 안 내면 갈 수 없습니다."

"내가 지독한 너의 배를 안 탈 터이니 걱정 말고, 내가 강을 건너가나 못 건너가나 두고 보아라."

스님이 강가의 모래를 한 주먹 쥐고 강물에 뿌리니 그것이 날아가 커다란 배 한 척이 갑자기 생겨났다.

그리하여 스님은 돈이 없어 강을 못 건너던 모든 사람들을 배에 태우고 범음동에 가서 예배를 올렸다.

그리고는 온데간데가 없었으므로 사람들은 관세음 보살이 신통력을 나타낸 것이라고 말하였다.

모래를 날려서 배가 되었으므로 그 강을 그때부터 비사오강(飛沙澳江)이라고 부르게 되었다. 비사오강은 인도 남쪽 해안에 있는 보타락가산(寶陀落迦山) 기슭을 흐르는 강이다.

10. 관음을 예배하는 용왕과 남순 동자

 백의 관음(白衣觀音)에게 남순 동자(南巡童子)가 꽃을 올리고 용이 여의주를 바치고 있다.
 용왕(龍王)에는 팔대용왕(八大龍王)이 있는데 다음과 같다.
 ① 난타 용왕(難陀龍王, Nanda)
 ② 발난타 용왕(跋難陀龍王, Upananda)
 ③ 바가라 용왕(婆伽羅龍王, Sagara) … 해상 용왕(海上龍王)
 ④ 화수길 용왕(和修吉龍王, Vasuki) … 구두 용왕(九頭龍王)
 ⑤ 덕차가 용왕(德叉迦龍王, Tasaka)

⑥ 아누달 용왕(阿耨達龍王, Anavatapta)
⑦ 마나사 용왕(摩那斯龍王, Manasvia)
⑧ 우발라 용왕(優鉢羅龍王, Utpalaka)

법화경 5권에 보면 용의 딸이 불도를 열심히 닦아서 8세에 성불했다고 한다.

. . . . .

아홉번째 이야기

호법신장(護法神將)과 천인(天人)

호법신장(護法神將)과 천인(天人)

불법을 수호하는 신장들의 모습은 하나같이 위엄이 있고, 불법을 믿지 않는 다른 신들을 제압하고 있다. 사람들에게는 복과 덕을 베풀며 악한 것을 징계하는 모습들로 표현되어서 나타난다.

이러한 호법신장에도 여러 가지 모습이 있는데 사천왕(四天王)이 있는가 하면 팔금강(八金剛)이 있고, 또한 뭇잡신들을 제압할 수 있는 모습, 즉 얼굴은 짐승이며 몸은 사람의 모습을 한 인신두수(人身頭獸), 혹은 얼굴은 사람이며 몸은 짐승의 모습을 한 형상도 있다.

사천왕은 주로 사천왕문에 조상으로 모시는 경우가 대부분이지만 사천왕문을 마련하지 못한 작은 절에서는 금당의 벽화로 나타나는 경우도 있다.

금강역사도 큰 사찰에서는 금강문에 따로 모시지만, 일반적인 작은 사찰에서는 금당의 벽화로 모시는 경우가 많다.

호법신장들은 천차만별이지만 대부분의 벽화들은 위타천신(偉馱天神), 팔금강(八金剛), 사천왕(四天王) 등 인간과 가장 가까운 호법신장들의 모습이 대부분이다.

천인(天人)은 범어(梵語)로 'Apsara'라고 하는데, 비천(飛天) 혹은 낙천(樂天)이라고도 번역된다.

즉 곧 하늘 위에 사는 유정(有情)들로서 허공을 마음대로 날아다니며 손에는 각기 다른 악기를 들고 하늘의 음악을 즐기며 지극한 쾌락의 경지에 든 상상의 선녀들을 말한다.

머리에는 화관을 쓰고 몸에는 우의(羽衣)를 입고, 특히 음악을 좋아하며 하계(下界) 사람들과도 잘 왕래한다고 한다.

그러나 복이 다하고 하늘의 수명이 다하면 오쇠(五衰)의 괴로움을 받다가 다시 인간 축생들의 오도(五道)에 떨어진다고 한다.

천인이 죽을 때가 되면 오쇠(五衰)의 괴로움을 받는데, 열반경십구(涅槃經十九)에 의하면 다음과 같은 다섯 가지 증상이 나타난다고 한다.

① 옷에 때가 묻어 더러워진다.
② 머리 위의 꽃이 시든다.
③ 몸에서 더러운 냄새가 난다.
④ 겨드랑이에 땀이 흐른다.
⑤ 제자리가 즐겁지 않다.

구사론십(俱舍論十)에서는 천인의 오쇠에는 5종의 소쇠상(小衰相)과 대쇠상(大衰相)이 있는데, 소쇠상은 다음과 같다.

① 의복과 장엄구(莊嚴具)에서 좋지 않는 소리가 난다.
② 몸에 나던 광명이 희미해진다.
③ 목욕할 때 몸에 물방울이 묻는다.
④ 다니기 좋아하던 마음이 없어진다.
⑤ 깜박거리지 않던 눈을 자주 깜박거리게 된다.

대쇠상(大衰相)은 다음과 같다.

① 옷에 때가 탄다.
② 꽃타래가 시든다.
③ 겨드랑이에 땀이 난다.
④ 몸에서 나쁜 냄새가 난다.
⑤ 제자리가 싫어진다.

이밖에도 경전(經典)에 따라 천인오쇠(天人五衰)에 대해서 여러 가지 다른 설명이 있으나 대체로 이와 비슷하다.

1. 사천왕(四天王)

사천왕(四天王)은 수미산 꼭대기에 살면서 이 세계의 동서남북 사방을 지키고, 불법(佛法)을 수호하며 불도(佛道)를 닦는 사람들을 보호하고 있다고 한다.

뿐만 아니라 사천왕과 그 부하들은 천지를 돌아다니며 이 세상의 선악을 모두 살펴서 그 결과를 매월 8일에는 사천왕의 부하들이, 14일에는 사천왕의 태자들이, 15일에는 사천왕 자신들이 직접 제석천(帝釋天)에게 보고하는 중대한 일을 맡고 있다.

사천왕은 네 분의 신을 말하는데 동쪽을 수호하는 지국천왕(持國天王), 서쪽을 수호하는 광목천왕(廣目天王), 남쪽을 수호하는 증장천왕(增長天王), 그리고 북쪽을 지키는 다문천왕(多聞天王) 등을 말한다.

동쪽의 수호신인 지국천왕은 착한 일을 하는 사람에게 상을 주고 악한 일을 하는 사람에게 벌을 내리며, 늘 인간을 보살피고 인간들의 국토를 지켜 준다.

보통 오른손에 칼을 들고 왼손은 허리를 잡고 있거나 손바닥에 보석을 올려 놓고 있는 형상을 하고 있다.

그의 부하로는 부단나(富單那)와 건달바(乾達婆)가 있는데, 건달바는 육체가 죽은 뒤 다른 육신을 받는 태어나기 전의 영혼의 신이며 술과 고기를 먹지 않고 향기만 맡고 사는 음악의 신이다.

광목천왕은 눈을 부릅뜨고 있는데 그 위엄이 커서 나쁜 무리들을 모두 몰아낸다고 한다.

광목천왕은 죄인에게 심한 벌을 내려 고통을 느끼게 하며 죄인으로 하여금 반성하게 하고 도심(道心)을 일으키게 한다.

그의 부하로는 사람과 용의 살과 피를 빨아먹는 비사도(毘舍闍)라는 귀신을 거느리고 있다.

증장천왕은 자신의 위엄과 덕으로서 만물이 소생하게 하고 덕을 베풀고 있다.

오른손에는 용을 쥐고 왼손에는 여의주를 쥐고 있으며 갑옷으로 단단히 무장하고 있다.

그의 부하로는 사람의 정기를 빨아먹고 산다는 부단나와 아귀의 두목인 페러다가 있다.

다문천왕은 북쪽을 지키는 신으로 항상 부처의 도량을 잘 지키며, 부처 곁을 멀리 떠나지 않고 부처의 설법을 하나도 빠짐없이 가장 많이 듣는다고 해서 다문천왕이라고 한다.

그의 역할은 암흑계의 사물을 관리하는 것이다. 손에는 늘 비파를 들고 있으며 수미산 북쪽을 지키고 있다. 야차(夜叉)와 나찰(羅刹)을 부하로 삼고 있다.

2. 금강역사(金剛力士)

호법신장(護法神將)의 대표적인 신장(神將)으로서 그 모양이 다양하다.

여러 가지 무기를 들고 부처와 불법(佛法)을 수호하는데, 보기만 해도 힘이 솟구치고 가슴을 뛰게 한다.

금강(金剛)은 원래 팔대 보살(八大菩薩)이 화현(化現)하여 나타난 8대 명왕(八大明王)을 말한다.

명왕(明王)이란 보통의 방법으로 교화하기 어려운 중생을 구제하기 위해서 분노(忿怒)의 상으로 나타난 존(尊)을 말하며, 8대 보살이 변해서 나타난 8대 명왕(八大明王)은 다음과 같다.

① 마두명왕(馬頭明王) … 관세음 보살(觀世音菩薩)의 화신.
② 대륜명왕(大輪明王) … 미륵 보살(彌勒菩薩)의 화신.
③ 군다리명왕(軍茶利明王) … 허공장 보살(虛空藏菩薩)의 화신.
④ 보척명왕(步擲明王) … 보현 보살(普賢菩薩)의 화신.

⑤ 강삼세명왕(降三世明王) … 금강수 보살(金剛壽菩薩)의 화신.
⑥ 대위덕보살(大威德菩薩) … 문수 보살(文殊菩薩)의 화신.
⑦ 부동명왕(不動明王) … 제개장 보살(除蓋障菩薩)의 화신.
⑧ 무능승명왕(無能勝明王) … 지장 보살(地藏菩薩)의 화신.

이와 같은 보살들이 금강으로 화현할 때 나타나는 8대 금강(八大金剛)은 다음과 같다.

① 청제재금강(靑除災金剛) ② 벽독금강(碧毒金剛)
③ 황수구금강(黃隨求金剛) ④ 백정수금강(白淨水金剛)
⑤ 적성화금강(赤聲火金剛) ⑥ 정제재금강(定除災金剛)
⑦ 자현신금강(紫賢神金剛) ⑧ 대신력금강(大神力金剛)

이들 금강역사는 어떤 무기로도 당할 수 없는 금강저(金剛杵)를 손에 들고 항상 부처 곁에서 호위하고 있다.

시대와 장소에 따라 이들의 모습도 다양하며, 인도에서는 나신(裸身)으로 나타나고, 중앙아시아 동쪽에서는 무장한 무사의 모습으로 나타나는 것이 일반적이다.

우리나라에서는 중국 고대의 역사(力士) 모습으로 나타나는 것이 대부분이며, 해이한 마음으로 사찰의 경내를 배회하다가 이들 금강역사의 분노에 찬 무서운 모습을 보면 가슴이 철렁하고 정신이 반짝 든다. 긴장되고 경건한 마음으로 부처의 자비로운 모습을 우러러 보게 된다.

8대 금강이 갖고 있는 무기도 다양해서, 그들이 손에 든 무기를 잘 살펴보면 옛날의 무술을 짐작할 수 있다.

위 벽화의 금강역사들은 왼쪽부터 여의주, 긴 창, 도끼, 금강저를 각각 손에 들고 있다. 그리고 아래 그림에서는 왼쪽부터 칼, 바위, 삼지창, 장풍 등을 무기로 삼고 있는 것을 볼 수 있다.

3. 천인(天人), 비천(飛天)

범어 'Apsara'에서 유래된 말로 천인(天人), 비천(飛天), 낙천(樂天) 등으로 일컬어지는 하늘 나라의 유정(有情)들을 말한다.

천의(天衣)를 몸에 감고 허공을 마음대로 날아다니며 하늘의 음악을 즐기며 지극한 쾌락의 경지에 들어가 있지만, 그들이 지닌 복과 업이 다하고 하늘 나라의 수명이 다하면 오쇠(五衰)의 괴로움을 받다가 다시 인간이나 축생으로 태어난다고 한다.

천인의 모양은 다양해서 더러는 아름다운 여인의 상을 한 천인도 있고, 애띤 동자, 동녀의 상을 한 천인도 있다.

그런가 하면 머리에 폐립을 쓴 젊은 남자의 모습을 한 천인도 있다. 그러나 늙고 병든 천인은 보이지 않으며, 한결같이 젊고 건강하며 발랄한 모습만을 보이고 있다.

구름을 타고 하늘을 날기도 하고 긴 띠 모양의 천의를 몸에 감고 마음대로 하늘을 날며 행복을 만끽하고 있다.

어떤 비천은 꽃을 뿌리기도 하지만 대체로 손에 각각 다른 모양의 악기를 하나씩 들고 연주하고 있다. 나발을 부는 비천, 비파를 타며 하늘을 나는 아름다운 여인상의 비천, 북을 든 비천 등 각양 각색이다. 주로 부처의 처소 가까이에서 불법을 수호하는 모든 중생들에게 음악을 들려 주고 불법을 수호하는 권속들이다.

그러나 천인들의 행복한 생활도 영원한 것이 아니고, 그들이 지은 업이 다하면 모든 것이 종말을 고한다는 데에 불교다운 깊은 교리가 숨어 있다.

열번째 이야기

성문(聲聞)과 보살(菩薩)

성문(聲聞)과 보살(菩薩)

성문(聲聞)이란 소리를 듣는다는 뜻이지만, 불교에서는 부처의 소리를 듣고 깨달은 사람이라는 뜻으로 쓰인다.

그래서 성문이란 바로 깨달음을 이룬 성자(聖者)를 뜻하는 것이다.

사찰의 벽화에는 많은 성문과 보살들이 등장해서 많은 교훈적인 설화를 제시하고 있다.

1. 흰 코끼리를 탄 보현 보살(普賢菩薩)

보현 보살은 문수 보살과 함께 부처의 양 옆에 자리하고 있는데 문수 보살이 부처의 지덕(智德)과 체덕(體德)을 맡고 있는데 비해, 보현 보살은 이덕(理德)과 장덕(長德), 행덕(行德)을 맡고 있는 보살이다.

또한 중생의 목숨을 길게 연장해 주는 덕을 가졌으므로 연수 보살(延壽菩薩) 혹은 연명 보살(延命菩薩)이라고 부르기도 한다. 또는 흰 코끼리를 타고 연화좌에 앉아 있으므로 상왕 보살(象王菩薩), 연좌 보살(蓮坐菩薩)이라고도 부른다.

부처가 성도한 후 보리수 아래에서 화엄경을 설할 때 보현 보살은 많은 게송을 읊어서 부처의 공덕과 권위와 자비를 일일이 말하여 찬탄하였다.

2. 문수 보살(文殊菩薩)

문수 보살을 문수사리(文殊師利) 또는 만수시리(滿殊尸利)·만수실리(曼殊室利) 등으로도 부른다.

대승 보살 가운데 한 분이며, 문수와 만수라는 말은 묘(妙)라는 뜻이고, 사리, 실리라는 말은 두(頭)·덕(德)·길상(吉祥)이란 뜻이므로, 이를 합치면 지혜가 뛰어난 공덕이라는 뜻이 된다.
　보통 석가여래의 보처로 왼쪽에 있으며 지혜를 상징하고 있다.
　머리에 5계(髻)를 맺은 것은 대일여래의 5지(智)를 나타내는 것이고, 오른손에는 지혜의 칼을 들고, 왼손에는 꽃 위에 지혜의 그림이 그려져 있는 청련화를 쥐고 있다.
　위엄과 용맹을 상징하기 위해 늘 사자를 타고 있는 모습으로 나타난다.

　일찍이 반야경을 결집, 편찬하였다고 전해지는 이 보살의 이름을 사람들이 들으면 4중죄(重罪)가 소멸된다고 한다.
　화엄경에서는 비로자나불의 협시 보살로서 보현과 더불어 삼존불의 일원이 되어 있다.
　문수 보살이 여러 가지 화신으로 우리 곁에 나타나서 이적을 나타낸 이야기는 많다.

3. 귀자모신(鬼子母神)

히말라야 산속에 노귀신왕(老鬼神王) 반도가(般闍迦)의 아내인 귀자모신이 살고 있었다. 그녀에게는 만 명이나 되는 많은 자식이 있었는데, 그 많은 자식을 지극히 사랑하면서도 남의 자식은 대수롭지 않게 여길 뿐만 아니라 남의 아기를 보기만 하면 잡아먹었다.

아기를 잃은 사람들은 석가모니에게 그녀의 못된 버릇을 고쳐 주도록 청하였다.

석가모니는 귀자모신의 막내인 빈가라(嬪伽羅)를 감추어 버리니, 그녀는 7일간이나 울며 찾아다녔으나 찾지 못하고 석가모니에게 아기의 행방을 물었다.

"그까짓 딸 하나 없다고 야단법석할 것 없지 않느냐?"
그 말을 들은 귀자모신은 화를 냈다.
"자비하신 줄 알았는데 딸을 잃어서 슬퍼하는 저에게 그런 말을 하실 수가 있습니까?"
그러자 석가모니는 석류를 하나 주며 말했다.
"많은 자식 중 하나를 잃어도 자식을 잃는다는 것은 그렇게 슬픈 것인데 한두 명밖에 없는 자식을 잃은 부모는 얼마나 가슴이 아프겠는가? 그러니 오늘부터는 아기를 잡아먹지 말고 이것을 먹어라."
그 말을 듣고 그녀는 크게 뉘우치고 참회의 눈물을 흘리면서 다시는 아기를 잡아먹지 않겠다고 맹세하였다.
이것이 인연이 되어 귀자모신은 불교에 귀의하고, 해산(解産)과 육아양육(育兒養育)을 맡아보는 신이 되었다고 한다.

4. 문수 동자의 도움으로 병을 고친 왕자

중국 제(齊) 나라 대화(大和) 때 왕자를 모시는 유겸지(劉謙之)라는 내관이 있었다.

그런데 왕자는 이상한 병에 걸려서 어떤 약을 써도 효과가 없었고 어떤 의원이 다녀가도 병에 아무런 차도가 없었다.

그래서 유겸지는 왕의 명을 받고, 왕자를 모시고 청량산(淸涼山)으로 가서 문수 보살을 친견하여 병을 고치기로 하였다.

먼 길을 걸어서 청량산에 도착한 왕자는 아름다운 주변 산세에 마음이 흡족하였고, 가사 장삼을 입은 스님들이 불경을 외우는 것이 무척 존경스러웠다.

그래서 왕자는 주지에게 부탁해서 매일 네 차례씩 기도를 드리며 문수 보살을 하루 속히 친견하기를 간절히 발원하였다.

그러던 어느 날 해가 질 무렵 왕자가 단신산에 경치를 구경하러 올라갔다가 돌아오는데 큰 나무 밑에 나이가 15~16세 가량인 소년 하나가 망태기를 앞에 놓고 쉬고 있는 것을 발견하였다.

"너는 누구냐?"

"이 산에 사는 만수사리(曼殊舍利)입니다."

"무엇 하러 다니느냐?"

"약초를 캐러 다닙니다."
"무슨 약초를 캐느냐?"
"산삼도 캐고 영지도 캐고 백봉령도 캡니다."
"그럼, 그 망태 속에 그런 좋은 약초가 들어 있느냐?"
 왕자가 망태 속을 들여다보니 과연 많은 약초들이 들어 있었다.
"잡수시고 싶으면 아무거나 골라 잡수세요."
"그 녀석 돈도 안 주고 먹어? 어느 것을 먹을까? 나는 잘 모르겠으니 네가 하나 골라 다오."
"이것을 잡수세요." 하고 동자는 커다란 영지 버섯을 하나 내놓았다.
"얘야, 내가 소풍 나왔다가 너를 만났으니 돈이 없는데 우선 절로 가자. 내가 네게 약값을 주리라."
 그러나 동자는 돈은 천천히 받아도 좋으니 영지 버섯을 그 자리에서 먹으라고 굳이 권한다. 왕자는 동자가 권하는 대로 영지 버섯을 꼭꼭 씹어서 먹었다. 그리고 돈을 주기 위해 동자를 데리고 절로 향했다. 절 문에 다다르자 뒤따라오던 동자가 보이지 않았다.
 왕자는 "만수사리야! 만수사리야!" 하고 큰소리로 불렀다.
 그때 절에 스님들이 왕자가 누군가를 부르는 소리를 듣고 뛰어나와서 물었다.
"만수사리라니 누구를 찾으십니까?"
 왕자는 그동안에 일어났던 일을 모두 말하였다.
"왕자님, 그는 사람이 아니라 보살님의 화신입니다. 만수사리는 문수사리(文殊舍利)의 이칭(異稱)입니다. 이제 왕자님은 문수 보살님을 친견하셨으니 모든 병이 다 나을 것입니다."
 왕자는 그제서야 모든 것을 깨닫고 인간의 어리석음을 한탄하며 안타까워하였다.

그날 밤, 왕자는 약에 취해 깊은 잠에 빠졌는데, 다음날 아침 잠이 깨자 왕자의 병은 씻은 듯이 나아서 건강을 되찾았다.

그 후 왕자는 건강한 몸으로 왕위에 올라 불법을 지키는 어진 임금이 되었다고 한다.

5. 선해 선인(善惠仙人)과 연등불

비가 개인 길을 선해 선인이 깊은 상념에 잠긴 채 걸어가고 있었다. 그때 마침 맞은편에서 연등불(燃燈佛)이 이쪽으로 걸어오는 것을 보았는데, 때마침 내린 비로 연등불 앞에는 물이 질퍽한 진창이 있었다.

선해 선인은 재빨리 앞으로 달려가서 지체 없이 자기의 옷을 벗어 진창에 깔고 머리를 풀어헤쳐서 그 위를 밟고 지나가게 하니, 연등불이 깊이 감동하여 그에게 내세에 석가모니불로 태어나라는 수기(授記)를 주었다. 그리하여 선해 선인은 도솔천에 호명 보살로 태어났다고 한다.

◇ 연등불(燃燈佛)

　석가모니불의 전생의 인행(因行, 부처가 되기 위한 수행) 가운데 제이아승지겁이 되었을 때이다.
　선혜 선인이라는 이름으로 수행할 때 연등불을 만나 오화(五華)의 연꽃으로 공양하고, 또한 머리털을 진흙에 깔아서 연등불이 밟게 하니 미래에 성불할 수기(授記, 장차 석가모니가 된다는 약속의 증표)를 받았다.
　지도론(智度論)에 "연등불이 생시에 일체의 신변이 등과 같이 밝았으므로 연등 태자라고 하였다. 구명은 정광불(錠光佛)이다."라는 기록이 있다.

6. 미륵불에 전할 가사를 들고 입정에 든 가섭 존자

　미륵불은 인도 바라내국의 바라문 가문에서 태어난 사람인데, 석가모니의 교화를 받고 미래에 성불하리라는 수기를 받았다.
　그는 먼저 입멸(入滅)하여 도솔천에 올라가 하늘에서 천인들을 교화하다가 석가모니보다 먼저 입멸한 후 56억 7천만 년이 지나면 다시 사바 세계에 출현하여 화림원(華林園) 용화수(龍華樹) 아래에서 성도한다. 그리하여 3회의 설법으로 석가모니의 교화에 빠진 모든 중생을 제도한다고 한다.

가섭 존자(迦葉尊者)는 그때 미륵불이 입어야 할 가사를 미륵불에게 전하려고, 부처의 가사를 모시고 계족산(雞足山, 중인도 마가타국에 있음) 깊은 굴 속에 들어가 입정에 들어서 미륵불이 오기를 기다리고 있다고 한다. 손에 모셔 든 것이 부처의 가사이다.

7. 문수 동자와 세조

조카 단종을 죽이고 조선 7대 임금이 된 세조의 꿈에 형수 문종황후(단종의 어머니)가 나타나 "에이, 더러운 인간아! 아무리 부귀영화가 좋기로 어찌 감히 조카를 죽이는가?"하고 얼굴에 침을 뱉았다고 한다.

그런데 그날부터 세조의 몸에는 병명을 알 수 없는 이상한 종기가 나서 어떤 약을 써도 소용이 없었다.

견디다 못한 세조는 금강산에 들어가 불공을 드리려고 길을 떠나 단발령(斷髮嶺)에 이르렀는데, 산색은 청정하여 마치 부처의 몸을 보는 것 같고 흐르는 냇물은 청정하여 마치 부처의 음성을 듣는 것만 같았다.

세조는 그대로 머리를 깎고 중이 될 것을 생각하였다. 그러나 만류하는 신하들 때문에 머리 전부를 깎지 않고 윗부분만 잘라 버렸다. 그리하여 그 고개를 단발령(斷髮嶺)이라고 부르게 되었다.

단발령에서 발길을 돌린 세조는 금강 산행을 그만두고 부처의 진신사리가 모셔진 상원사(上院寺)로 갔다. 날씨가 몹시 더워서 몸의 종기가 터지는 것만 같았다.

세조는 모든 시중들을 물리치고 홀로 시내에 들어가 더러운 부스럼을 씻고 있었다. 등에는 손이 닿지 않아 씻지 못하고 있었는데, 마침 그곳을 지나가던 한 동자가 "등을 문질러 드릴까요?" 하고 소리쳤다.

동자는 오자마자 세조의 등을 어떻게나 시원스럽게 잘 문질러 주는지 금방 하늘에라도 날아갈 것만 같았다.

그러나 당시 법에 임금의 몸에 상처를 내면 살아남지 못한다는 엄한 규율이 있었다.
"동자야, 너 아무한테도 임금을 봤다고 하지 말아라."
그러자 동자가 말하였다.
"걱정 마십시오. 당신도 아무한테나 나를 봤다고 하지 마셔요."
"네가 누구인데?"
"나는 문수 동자올시다. 나를 여기서 친견했다고 아무에게도 말하지 마시오."
세조가 그 말을 듣고 곧 뒤돌아보니 머리를 두 가닥으로 딴 동자가 금방 나무 사이로 사라지는데 아무리 찾아봐도 다시 만날 수가 없었다.
세조가 너무 신기해서 그 동자의 모습을 곧 그림으로 그리고 조상(造像)으로 만들어 모시게 하였는데 지금 오대산(五臺山) 상원사(上院寺)에 모신 문수 동자가 그분이다.
세조는 그날로 모든 병이 씻은 듯이 나아서 그 은혜에 보답하고자 그때부터 많은 불사를 하게 되었다.

8. 화엄변상도(華嚴變相圖)

변상도(變相圖)라는 것은, 중생을 제도하기 위해 경전의 내용을 진상(眞相)과 약간 달리 변화시켜 재미있게 그림으로 그린 것을 말한다.
그러므로 화엄변상도란 화엄경의 내용을 우리가 알기 쉽도록 그림으로 나타낸 것이다.
화엄경은 석가모니가 성도(成道)한 깨달음의 내용을 그대로 표명

한 경(經)인데, 일곱 장소에서 여덟 번 설법했다고 해서 칠처팔회(七處八會)라는 말을 쓰는데 그 장소는 다음과 같다.

    첫째 모임 적멸도량(寂滅道場) … 천상(天上)
    둘째 모임 보광법당(普光法堂) … 지상(地上)
    셋째 모임 도리천(忉利天) … 천상(天上)
    넷째 모임 야마천궁(夜摩天宮) … 천상(天上)
    다섯째 모임 도솔천궁(兜率天宮) … 천상(天上)
    여섯째 모임 타화자재천궁(他化自在天宮) … 천상(天上)
    일곱째 모임 보광법당(普光法堂) … 지상(地上)
    여덟째 모임 지원정사(祇園精舍) … 지상(地上)

즉, 석가모니는 천상에서 다섯 번, 지상에서 세 번, 모두 여덟 번 화엄경을 강설하였다.

사진의 변상도는 일곱째 모임인 보광법당(普光法堂)의 법회이다. 그 법회에 참석하기 위해서 천상의 부처와 지상의 보살, 그리고 많은 스님들이 함께 화엄의 장엄한 설법을 진지하게 듣고 있는 모습이 묘사되어 있다.

9. 법화변상도(法華變相圖)

법화경은 묘법연화경이라고도 하며 많은 경전 가운데서도 가장 귀중한 경전이다.

석가모니가 이 세상에 오신 뜻을 적은 경으로서 지상 최고의 꽃인 연꽃과 비교될 만큼 훌륭한 가르침을 서술한 경이라고 하겠다.

그림은 석가모니가 법화경을 강설하고 계시는 모습을 묘사한 그림이다. 많은 대중들과 아라한들이 참석해서 설법을 듣고 있는 모습이 잘 묘사되어 있다.

10. 도솔하강도(兜率下降圖)

도솔천(兜率天) 외원궁(外院宮)에는 많은 부처와 보살들이 살고 있다.

천상의 중생들만 제도하는 것이 아니라 지상의 인간과, 지옥에서 고통받는 중생들까지도 제도하려고 도솔천에서 하계(下界)로 내려온다.

아미타불(阿彌陀佛)을 모시고 관세음 보살(觀世音菩薩), 대세지 보살(大勢至菩薩) 등 다른 많은 보살들이 구름을 타고 내려온다.

그리하여 한량 없는 자비와 큰 감화로 죄에서 고통받는 모든 중생들이 모두 해탈하게 해주는 것이다.

열번째 이야기 · 성문과 보살　205

열한번째 이야기

고승(高僧)과 선사(禪師)

고승(高僧)과 선사(禪師)

불교의 긴 역사를 통해서, 불교를 널리 전파시키고, 부처의 말씀을 전한 고승들과 선사는 헤아릴 수 없이 많다.

그리고 그분들이 남긴 많은 일화는 재미있을 뿐만 아니라 우리들에게 큰 감명과 교훈을 준다.

그래서 벽화에도 이에 관한 이야기가 당연히 많이 나온다. 하나같이 재미있고 인상적이다.

1. 팔을 끊어 믿음을 바친 혜가(慧可)

선종(禪宗)의 제2대조인 혜가 대사(慧可大師, 487~593)는 중국 낙양(洛陽) 사람이며, 이름은 신광(神光)이고 성은 희(姬)였다.

낙양 용문의 향산에서 득도하여 유불(儒佛)을 배우다가 32세에 향산으로 들어가 좌선, 40세에 숭산 소림사에 달마 대사(達磨大師)를 찾아가 법의 가르침을 청하였다.

그러나 굴 속에 면벽(面壁)하고 있는 달마 대사는 아무런 응답이 없었다. 그래서 혜가는 당(堂) 안에 들지 못하고 뜰에 서서 법을 구하려는 일념으로 밤새도록 꼼짝도 안 하고 달마의 응답만 기다리고 서 있었다. 더구나 그날 밤엔 눈이 내려 몸이 꽁꽁 얼었으나 혜가는 의연히 서서 꼼짝도 하지 않았다.

달마 대사가 아침에야 내다보니 어제 찾아온 사람이 눈 속에 그대로 서 있으므로, "그대는 무슨 까닭에 나를 찾아 왔는가?"하고 입을 열었다.

"법의 가르침을 받으러 왔습니다."

한참 동안 말이 없던 달마는 위엄 있는 큰소리로, "너의 믿음을 바치라!"고 하였다.

혜가는 지체 없이 예리한 칼을 뽑아 왼팔을 잘라 버리니 땅에서 파초잎이 솟아나 끊어진 팔을 받쳤다.

그제야 입당이 허락되었고, 혜가는 그곳에서 오랫동안 달마의 가르침을 받고 선종(禪宗)의 제이조(第二祖)가 되었다.

2. 죽은 지 3년 만에 다시 살아난 달마

달마는 중국에 간 다음 소림굴(少林窟)에 들어가 9년 동안이나 묵묵히 벽만 대하고 앉아 참선을 했다. 중국 태생인 혜가(慧可)에게 법을 전하고 앉아서 열반(涅槃)에 들었는데, 나라에서는 국장으로 성대하게 장사를 지내고 왕릉과 같이 큰 묘를 만들었다.

그로부터 3년 후 중국 사신 송운(宋雲)이 인도로 갔다가 돌아오는 도중 총령(葱嶺)에서 달마 대사를 만났다.

그는 눈을 의심했다. 달마가 신발 한 짝을 매단 주장자(지팡이)를 등에 걸치고 걸어오는 것이었다.

"3년 전에 돌아가신 스님을 여기서 만날 수 있으니 실로 신기합니다."

"나는 생사를 해탈한 사람이요, 생사와는 아무 상관이 없소."

"그러나 내가 여기서 달마 스님을 보았다고 하면 누가 나를 믿겠습니까? 다들 나를 미쳤다 하지 않을까요?"

"내 묘를 파 보면 알 것이오. 거기에는 내 몸도 없고, 빈 관 속에 신 한 짝만 남아 있을 거요." 하고는 나머지 신 한 짝을 주장자 끝에 매달고 태연히 고국으로 돌아갔다고 한다.

3. 달마 대사가 강 위를 걸어 건너오다

 중국 땅에 처음 선법(禪法)을 전달한 달마 대사는 선종(禪宗)의 시조(始祖)로 그에 관한 일화가 많이 있다.
 달마 대사가 인도에서 중국으로 간 것은 부처의 법 중에 선법(禪法)을 전하고 중생을 제도하려고 한 것이다.
 선의 경지가 매우 높아서 생사의 경계를 초월해 보통 사람들의 생각으로는 도저히 이해할 수 없는 일들을 예사로 해냈다고 한다.
 달마 대사가 천산 산맥을 넘어 인도에서 중국으로 갈 때 앞을 가로지르는 강물을 만났다. 아무리 살펴봐도 부근에는 배도 없고 인가도 없었다. 그러나 달마 대사는 태연하였다.
 그는 물 위를 걸어서 강을 건너 중국 땅으로 갔던 것이다.

4. 달마 대사의 고약한 인상

달마는 남인도 향지국(香至國) 국왕의 셋째 아들로서 머리가 영특한 미남이었으며, 지금 여러 그림에 나타나 있는 것처럼 무서운 얼굴은 아니었다고 한다.

범명(梵名)은 Bodhi-Dharma이고 성장하여 대승 불교의 승려가 되어 선(禪)에 통달하였으며 나중에 선종을 중국에 전달하기 위해 험한 천산 산맥을 거쳐 중국에 갔다.

어느 해 중국 땅에 선종의 뿌리를 내린 다음, 인도를 다녀오는 도중에 첩첩 산중의 오솔길로 접어들었다.

깎아지른 듯한 절벽 끝에 겨우 뚫린 좁은 길에, 코끼리보다 더 큰 짐승이 길을 막고 누워 막 숨을 거두려고 하고 있었다. 만일 그 짐승이 거기서 그대로 죽으면 천산 산맥의 길이 막힐 판국이었다.

달마는 재빨리 나무 밑에 자기의 육신(肉身)을 벗어 놓고 혼만 빠져 나와 그 큰 짐승 속으로 들어갔다.

그리하여 마치 차를 운전하듯이 그 짐승을 통행에 지장이 없을 만큼 길에서 멀리 옮겨 놓았다. 그리고 다시 그 짐승의 몸에서 혼이 빠져 나와 자기 본래의 육신이 있는 곳으로 갔다.

그런데 거기에는 자기가 벗어 놓은 미남의 육신은 없고, 험상궂고 보기 흉측한 육체 하나가 놓여 있었다. 어떤 라마교의 도승이 길을 가다가 문득 나무 밑의 혼이 빠져 나간 아름다운 육신을 보고 욕심이 나서 못생긴 자기의 육신과 몸을 바꾸어 버렸기 때문이었다.

달마의 혼은 할 수 없이 그 못생긴 육신 속에 들어가서 중국으로 돌아왔는데 아무도 그를 달마로 알아보지 못하였다.

그러나 그가 하는 말과 행동 등이 똑같았기 때문에 사람들은 그가 틀림없이 달마라는 것을 알게 되었고 옛날처럼 스승으로 잘 받들었다고 한다.

5. 임제(臨濟) 스님의 웃음

임제종조(臨濟宗祖)인 당나라의 혜조 선사(慧照禪師)는 많은 일화를 남긴 분이다.

그가 아직도 공부를 하고 있을 때 황벽(黃檗) 스님을 찾아가서, "어떤 것이 불법(佛法)의 대의(大意)입니까?"하고 물었더니 황벽 스님은 대답 대신 몽둥이로 임제를 세 번 후려갈겼다고 한다.

임제가 곧 황벽에게 절을 하고 대우(大愚) 스님을 찾아갔더니 "어디서 오느냐?"는 질문이 있었다.

"황벽 스님에게서 옵니다."

"황벽이 아무 말 않더냐?"

"불법의 대의를 물었다가 몽둥이로 세 대 얻어맞았습니다. 어떤 허물이 있는지 없는지조차 알 수 없습니다."

"황벽 늙은이에게 네가 자꾸 피곤을 주었기 때문이다. 다시 가서 허물이 있는지 없는지 물어라."

이 말을 듣고 임제는 모든 것을 깨달았다고 한다.

한편 그 임제 스님이 종정으로 있을 때 매일 아침 저녁으로 온 산천이 떠나가도록 크게 웃곤 했다고 한다. 하루도 빠지지 않고 매일 가가대소하므로 그 문하생들은 모두 이상하게 생각하였다.

그러나 너무나 존귀한 분이 하시는 일인지라 궁금하면서도 감히 그 뜻을 묻지 않고 그저 함께 따라 웃기만 하였다.

그런데 임제 스님의 열반이 다가오자 수자 스님이 조심스럽게 임제 스님에게 매일 아침 저녁으로 크게 웃은 이유를 물었더니 다음과 같이 대답했다고 한다.

"아침에 웃는 것은 어리석은 중생들이 모두 헛되이 사는 꼴이 너무나 우스워서 웃은 것이고, 저녁에 웃은 것은 오늘 하루도 무사히 지난 것이 너무 좋아서 웃은 것이다."

6. 원효 대사(元曉大師)와 의상 대사(義湘大師)

도를 깨친 원효 대사는 설악산(雪嶽山) 신흥사(新興寺)에 살았고, 의상 대사는 양양 낙산사 터에 토굴을 짓고 계속 공부하고 있었다.

어느 날 원효 대사가 함께 공부했던 의상 대사를 낙산사로 찾아갔다. 두 사람은 오랜만에 만난 회포를 풀며 시간 가는 줄도 모르고 재미있게 법담을 나누었다.

그러다가 저녁 공양 시간이 되었다.

원효 대사는 시장기가 드는 지라 밥을 주지 않나 하고 은근히 기다렸는데도 의상 대사는 전혀 식사 준비를 하는 기색이 없었다.

그리고 다만 빈 바루만 상 위에 올려 놓고, 눈을 딱 감고 정(定)에 들어가 버리는 것이었다.

이상하게 생각한 원효 대사가 눈을 감고 관(觀)해 보니 의상이 천공(天供, 하늘에서 내리는 공양)을 기다리고 있는 중이었다. 이를 안 원효 대사가 도술을 부려 동서남북 사방의 하늘의 문을 막아 버렸다.

아무리 기다려도 하늘에서 식사가 내려오지 않자 이상하게 여기다가 원효가 하늘 문을 막은 것을 알았다.

이를 안 원효 대사가 의상 대사에게 말하였다.

"인간 세상에 살면서 천공을 받는 것은 옳지 못한 일이며, 수행자가 할 일이 아니오."

의상은 그 말을 듣고 정중히 사과를 하였다. 원효는 다시 짚고 온 지팡이를 높이 던지며 말했다.

"이곳에는 우물이 없어서 물이 부족할 것이오. 그러니 내가 여기 온 기념으로 우물을 하나 파 줄 터이니 앞으로는 그 우물물로 밥을 지어서 드시도록 하시오."

과연 그 지팡이가 멀리 날아가서 꽂히는 곳에 우물이 하나 생겨났다고 한다. 원효가 팠다는 그 전설의 우물이 아직도 낙산사 옆에 있다.

7. 홍인(弘忍) 대사와 혜능(慧能) 대사의 대화

방아를 찧으며 공부를 하던 혜능은 수행의 경지가 최고에 달해서 도통하기에 이르렀다.

그래서 홍인 대사가 잘 보이는 곳에 다음과 같은 게송을 적어 놓았다.

菩提本無樹(보리본무수)　　보리(菩提)라는 나무는 본래 없고
明鏡亦非臺(명경역비대)　　명경도 또한 대가 아닐세
本來一無物(본래일무물)　　본래 한 물건도 없거늘
何處惹塵埃(하처야진애)　　어느 곳에 티끌이 일어나리요

이 게송을 본 홍인 대사는 혜능의 공부가 이미 도통한 경지에 들어 갔음을 눈치채고, 남의 눈을 피해 방앗간에서 방아를 찧고 있는 육조 혜능을 찾아갔다. 그리고 쌀을 찧고 있는 혜능을 보고 물었다.

"쌀은 다 찧었느냐(공부는 다 되었는가 하는 뜻)?"

"쌀은 다 찧었는데 아직 키질을 못했습니다(공부는 다 되었으나 아직 인가(印可)를 못 받았습니다)."

돌연 홍인 대사는 지팡이로 방아 머리를 탁 탁 탁 세 번 치더니 뒷짐을 지고 묵묵히 돌아가 버렸다.

혜능은 선뜻 그 뜻을 알아들었는데, 지팡이로 방아를 세 번 친 것은 밤 삼경(三更)을 뜻하는 것이요, 뒷짐을 지고 가신 것은 뒷문으로 오라는 의미라고 해석했다.

그날 밤 삼경에 조실 방으로 가니 그곳에 병풍이 돌려져 있었다. 그 병풍 뒤에 앉아서 오조 스님으로부터 법통을 이어 받았다.

그리하여 육조(六祖) 혜능 선사(慧能禪師)는 양자강 이남에서 선종(禪宗)을 크게 선양하여 남종(南宗)의 조종이 되었다.

8. 오어사(吾魚寺)의 유래

원효 대사(元曉大師)와 혜공화상(惠空和尙)은 서로 아주 친한 사이였다. 언제나 서로 만나면 농을 잘하는데, 모두 도통한 스님들이었다.

원효 대사가 금강삼매경론(金剛三昧經論) 등 여러 가지 경책을 짓다가 의문이 나는 점이 있을 때 혜공화상을 찾아가서 물으면 무엇이든 척척 대답해 주었다고 한다.

하루는 두 스님이 냇가를 걸어가고 있었는데 동네 사람들이 물고기를 잡아서 맛있게 먹으며 놀고 있었다.

사람들은 두 스님을 보자 함께 먹을 것을 권하였다.

"스님, 이 물고기 좀 잡수셔요."

220

두 스님은 스스럼없이 그것을 받아서 먹었다.

그것을 본 동네 사람들 중에는 스님이 고기를 먹는다고 마음속으로 욕하는 사람도 있었다.

그런데 얼마 뒤 두 스님이 변을 보니 변이 모두 물고기로 변에서 개울로 헤엄쳐 가는 것이었다.

그것을 보고 두 스님은 저것은 내 고기다, 이것은 내 고기다 하며 껄껄 웃었다고 한다.

그래서 그 후 그 절의 이름이 오어사(吾魚寺)가 되었다고 한다.

이 전설은 두 스님의 높은 경지를 말해 주고 있다.

9. 기인(奇人) 한산(寒山)

한산(寒山)이 기인이라는 사실은 잘 알려져 있지만 그의 언행과 그가 읊은 시를 들어 보면 한산이 어떠한 사람인지 더욱 잘 알 수 있다.

사람들이 한산을 보고 말한다.
미친 사람이라고
얼굴은 세상의 눈을 끌지 않고
몸엔 다만 베옷을 걸쳤을 뿐
내 말은 남이 모르고
남의 말은 내가 하지 않는다.
그렇기 때문에 알린다.
왕래하는 자는 한산에 가 볼 것이라고······.

오늘은 이 절 내일은 저 절
절간 수채 구멍에 흩어진 나물가지
밥그릇에 붙은 밥티를 그 대통에 담아
그것으로 연명하면서도 부족함이 없고
항상 즐겁기만 하다.
혹 습득을 만나면 박수치고 노래하며

하늘을 보고 웃는다.
개구리를 만나면 놀려 주고
호랑이를 만나면 겁도 없이 때려 준다.
무상도 잊고 열반도 잊었던 사람들!
그들의 웃음 속에 지금도 대지에는 아름다운 보리꽃이 핀다.

지저귀는 새소리에 정을 못 이겨
혼자 초암(草庵)에 누워 듣고 있나니
앵두는 알알이 붉어 빛나고
버들은 줄줄이 드리워 있네.
아침 햇빛은 푸른 산을 머금고
개는 구름은 맑은 못을 씻는다.
누가 저 티끌 세상 능히 벗어나
이 한산 남쪽으로 올라올 줄 알런고!

『한산시집』

10. 섬이 배로 변하다

　옛날 가엽불(迦葉佛) 시대에 예류성자(預流聖者)가 배를 타고 바다를 건너게 되었다.
　며칠 후 폭풍이 불어 배가 파선되자, 부서진 배로 뗏목을 만들어 타고 겨우 작은 섬에 도달하였다.
　예류성자(預流聖者)는 그 섬에서 일심으로 관세음 보살의 명호(名號)를 칭명(稱名)하였다.
　그랬더니 그 칭명 소리를 듣고 섬 지키던 용왕이 예류성자의 깊은 신심에 감동되어 섬을 배로 변하게 하였고 예류성자는 험한 바다를 무사히 건널 수 있었다고 한다.

『남전 자타카』

* 가엽불(迦葉佛) : 인간의 수명이 2만 세 때에 출세(出世)하여 정각(正覺)을 이룬 석가모니불(釋迦牟尼佛) 이전의 부처이며 과거 칠불(七佛)의 한 분이다.

* 예류성자(預流聖者) : 예류(預流)는 예류향(預流向)・예류과(預流果) 등을 가리키는 말인데, 이는 모두 소승 불교에서 수도하여 깨달음을 얻어 들어가는 품계(品階)를 말한다. 그러므로 예류성자(豫流聖者)는 예류(豫流)의 품계를 얻은 성자(聖者)라는 뜻이다.

11. 법의(法衣)를 뺏으려는 도명 스님

선종의 전통을 이어온 오조(五祖) 홍인 대사가 빈천한 남방 출신인 혜능 대사에게 육조(六祖)를 인가하고 달마 대사로부터 전래되던 법의와 바루를 전하자 이에 불만을 품은 도명 스님이 혜능 대사를 뒤쫓아가서 완력으로 이를 뺏으려 했다.

궁지에 몰린 혜능은 법의를 바위 위에 올려 놓고 바위 뒤에 몸을 숨겼다.

도명 스님은 바위 위에 놓인 법의를 보자 집으려고 했지만 아무리 힘을 주어 당겨도 법의가 들어 있는 바랑은 바위에서 조금도 움직이지가 않았다. 법으로 이루어지는 부처의 뜻은 함부로 사람의 힘으로는 바꾸어지는 것이 아니기 때문이다.

이에 크게 뉘우친 도명 스님은 혜능 대사에게 잘못을 빌고, 그 길로 더욱 열심히 공부해서 도통하게 되었다고 한다.

12. 법을 받는 육조(六祖) 혜능 대사(慧能大師)

혜능 대사(慧陵大師)가 아직 오조(五祖) 홍인 대사(弘忍大師)로부터 법을 받기 전에는 글도 모르는 아주 빈천한 가정의 젊은이였다고 한다.

우연히 장터에서 금강경의 강의를 듣고 발심해서 홍인 대사를 찾아가 법을 구했다. 홍인 대사는 그가 큰 그릇임을 첫눈에 알았지만 주위의 시선을 느껴 방앗간에서 방아를 찧는 소임을 주었다.

어느 날 홍인 대사는 자기의 대법을 상속할 제자를 선출하기 위해서 누구라도 각자 깨달은 진리를 자기에게 제시하라고 하였다.

이 말을 듣고 신수 대사(神秀大師)가 홍인 대사가 잘 다니는 벽에 다음과 같은 시를 썼다.

> 身是菩提樹(신시보리수)　　몸은 바로 보리의 나무요
> 心如明鏡臺(심여명경대)　　마음은 명경대와 같으니
> 時時勤拂拭(시시근불식)　　항상 부지런히 털고 닦아서
> 勿使若塵埃(물사약진애)　　먼지가 끼지 않게 하여라.

비록 무기명으로 썼지만 신수 대사가 아니면 이러한 글을 쓸 사람이 없다며 모든 대중들은 시를 보고 야단들이었다.

방아를 찧던 혜능도 어린 사미승이 이 글을 외우는 것을 듣고 그 전말을 자세히 알았다.

그날 밤 혜능은 한 사미승에게 자기가 구술한 것을 그 게송 옆에 써 달라고 부탁하였다(그는 글을 몰랐다).

菩提本無樹(보리본무수)　보리(菩提)라는 나무는 본래 없고
明鏡亦非臺(명경역비대)　명경도 또한 대가 아닐세
本來一無物(본래일무물)　본래 한 물건도 없거늘
何處惹塵埃(하처야진애)　어느 곳에 티끌이 일어나리요.

　신수보다 한층 더 탁월한 이 시를 보고 대중의 논란은 분분하였다.
　그때 홍인 대사가 와서 이를 보았지만 혜능의 몸에 위해가 있을까 염려하여 그의 신을 벗어서 그 게송을 지워 버렸다.
　그리고 그날 밤 그의 방에 혜능을 몰래 불러 금강경을 한번 강의하고 달마 대사로부터 받은 가사(袈裟)와 발우(鉢盂)를 전수하여 선종 제육조(禪宗 第六祖) 대사로 인가하였다.

13. 노힐부득(努肹夫得)과 달달박박(怛怛朴朴)

옛날 신라 서라벌 가까운 선천촌(仙川村) 마을에 노힐부득과 달달박박이라는 두 사람이 살고 있었다.

그들은 모두 풍채와 골격이 범상치 않은 좋은 친구였는데, 나이 스물이 되어서 두 사람은 모두 머리를 깎고 중이 되었다.

그리하여 달달박박은 백월산(白月山) 북쪽 고개에 있는 사자암에 자리하고, 노힐부득은 동쪽 고개 밑에 자리를 잡고 공부를 시작하였다.

박박은 아미타불을 성심껏 구했으며 부득은 미륵불을 경배하여 염송했다.

3년이 지난 어느 해 4월 8일 저녁, 나이 20세 정도의 젊은 여자가 북쪽에서 공부하는 박박을 찾아가서 자고 가기를 청하였다. 하지만 박박은 냉정하게 거절했다.

"절은 깨끗해야 하는 것이니 그대가 가까이 올 곳이 아니오. 여기서 지체하지 말고 어서 다른 데로 가 보시오."

여자는 동쪽으로 가서 노힐부득을 보고 같은 청을 하였다.

"이곳은 여자와 함께 있을 곳이 아니나 중생을 보살피는 것도 보살행의 하나이고, 더구나 깊은 산골에서 날이 저물었으니 어찌 소홀히 대접할 수 있겠소."

부득은 단칸방에서 자고 가기를 허락하였다.

밤이 되자 마음을 깨끗이 하고 지조를 가다듬어 등불을 벽에 걸고 염불에 전념하였다. 여자는 부득을 불러 부탁하였다.

"내가 마침 해산할 기미가 있으니 짚자리를 준비해 주십시오."

부득이 불쌍히 여겨 촛불을 밝혀 도와주니 여자가 해산을 마치고는 목욕하기를 청하였다.

부득은 부끄럽고 두려운 생각이 들었으나 가엾게 생각하고 물을 데워 여자를 목욕시키자 통 속의 물에서 향기가 짙게 풍기며 금빛으로 변해 있었다.

부득이 놀라자 여자가 말했다.

"스님도 이 물에 목욕하는 것이 좋겠습니다."

마지못해 여자의 말대로 하였더니 정신이 상쾌해지고 온몸이 금빛으로 되더니 미륵부처가 되었다.

여자는 원래 관세음 보살인데 대사를 도와서 대보리를 이루려고 왔던 것이다.

한편 박박은 지난밤에 부득이 반드시 계를 깨뜨린 것으로 생각하고 찾아가 보니 부득은 성불해서 연화대 위에 앉아 있었다.

부득이 모든 까닭을 말해 주자 박박은 부처가 오셔도 모시지 못한 어리석음을 탄식했다. 그리고 지난날의 교분을 생각해 도와 달라고 애원했다.

부득은 아직도 통 속에 금빛 물이 남아 있으니 목욕을 하는 것이 좋겠다고 권하였고 박박이 목욕을 하여 부득과 함께 무량수를 이루니 그도 부처가 되었다. 그러나 금빛 물이 조금 부족해서 그의 발은 금빛으로 빛나지 못했다고 한다.

『삼국유사』

14. 혜통(惠通) 스님의 구법

신라의 혜통 스님은 멀리 당나라에 가서, 당시 당나라에서 가장 유명한 선무외삼장(善無畏三藏, 637~735)에게 배우기를 청했다.

선무외삼장은 인도 마갈다국 사람인데, 그는 중국에서 포교하기 위해 당나라에 입국한 사람으로서 당나라에서 가장 귀한 대접을 받는 스승이며 밀교(密敎)에 각별한 권위가 있는 분이었다.

하지만 그는 동쪽의 작은 나라 사람이 어찌 법기(法器)가 되겠는가 하면서 가르쳐 주지 않았다.

혜통은 3년 동안이나 물러서지 않고 열심히 좇았으나 여전히 허락받지 못했다. 혜통은 이에 울분하여 불이 이글이글 타는 화로를 머리에 이고 삼장법사 앞에 서 있었는데 잠시 후 이마가 우뢰와 같은 소리를 내면서 터졌다. 삼장이 깜짝 놀라 화로를 치우고 손가락으로 터진 곳을 만지며 주문을 외우니 상처가 아물어 전과 같이 되었는데, 왕(王) 자 모양의 흉터가 생겼다.

이로 인해 혜통을 왕화상(王和尙)이라 불렀고, 그의 깊은 도량을 인정하여 그에게 심오한 불교의 진리를 모두 전수하였다고 한다.

15. 조과 선사(鳥窠禪師)와 백락천(白樂天)

대문장가로 유명한 백락천이 항주 태수(杭州太守)가 되었을 때, 가르침을 받으려고 과원사에 있는 조과 선사를 찾아갔다.

조과 선사는 당나라 때의 유명한 도승으로 자는 도림 선사(道林禪師)라고 하는 대단한 분이었다.

백락천이 절에 가서 선사를 찾았는데 나무 위에 앉아서 졸고 있는 것을 발견했다.

"선사님, 나무 위는 위험하니 어서 내려오십시오."

백락천은 극구 말렸으나 조과 선사는 태연히 말하였다.

"네가 서 있는 땅 위보다 내가 앉아 있는 나무 위가 더 안전하다."

명리와 이해가 엇갈리는 속세가 더 위험한 곳이라는 것을 은연중에 알려 준 것이었다.

또 백락천이 가르침을 받으러 왔다고 하니 이에 말하기를, "모든 착한 일을 행하고(衆善奉行) 모든 악한 일을 하지 말라(諸惡莫作)."고 하였다.

"선사님! 그것은 3살 먹은 어린이도 아는 말입니다."

"3살 난 어린이도 아는 말이지만 80의 노인도 실천하기 어려운 말이다."

백락천은 크게 깨달은 바 있어 공손히 절을 하고 물러갔다고 한다.

16. 신통력으로 불을 끈 진묵 대사(震默大師)

조선의 유명한 승려 진묵 대사(1562~1633)가 아직 사미(沙彌)로 있을 때였다.

어느 날 여러 사람이 먹을 상추를 씻으러 우물가에 갔다가, 멀리 해인사 장경각에 불이 난 것을 신통력으로 관(觀)하여 알게 되었다.

다급한 그는 손에 들고 있던 상추에 물을 묻혀 해인사 쪽으로 물을 뿌려서 불을 끄기 시작하였다.

한편 해인사에서는 때아닌 화재로 장경각의 경책(經冊)이 모두 탈 위기에 처했었는데, 갑자기 장경각 위에만 억수 같은 소낙비가 쏟아져서 위기를 모면할 수 있었다.

이상하게 생각한 해인사 큰 스님이 입정에 들어 관(觀)해 보고 진묵 대사가 불을 껐다는 것을 알게 되었다.

진묵 대사는 그 후 열심히 공부해서 득도하였고 당대의 유명한 스님이 되어 그 이름이 지금에까지 이르고 있다.

17. 아난 존자(阿難尊者)의 득도

아난 존자(Ananda)는 석가모니의 10대 제자 중 한 사람이다. 25년간이나 곁에서 하루도 빠짐없이 석가모니를 시봉하면서 한 번도 싫은 내색을 보이지 않고 정성을 다했으며, 부처의 설법이라면 하나도 빠짐없이 다 듣고 기억하고 있었다.

그러나 그는 석가모니가 살아계시는 동안에는 도를 깨치지 못하였다.

그런 까닭에 석가모니가 열반에 든 뒤 카아샤파의 주재로 칠엽굴에서 제1회 결집(結集)을 열려고 할 때 거기 참석할 자격이 없었다.

문자가 없었던 당시에 석가모니의 말씀을 정확하게 기억하여 후세에 전할 방법과 석가모니의 열반 후 교단의 운영 문제 등을 상의하기 위한 첫번째 회의였다.

도를 깨친 500명의 아라한(阿羅漢)만이 참석하는 곳이기 때문에 도에 이르지 못한 아난다는 참석할 수 없었다.

이에 크게 분발한 아난다는 홀로 절벽 끝에 가서, 발꿈치를 들고 발끝으로 7일간이나 꼼짝 않고 서서 용맹정진한 결과 드디어 도를 깨달아서 아라한이 되었다. 그리하여 장로들만 모이는 제1회 결집에 참석할 수 있게 되었다고 한다.

18. 원효 대사(元曉大師)와 해골

신라 말기의 고승인 원효 대사(617~686)는 많은 일화를 남긴 한국 불교의 거성이다.

34세 때 가장 친한 벗인 의상 대사(義湘大師)와 함께 불법을 구하러 당나라에 가게 되었다.

　어느 날 저녁 무렵 넓은 들을 지나가는데 갑자기 억수 같은 소낙비를 동반한 폭풍이 불어 왔다.
　해는 저물어 날은 어두운데 주위를 살펴봐도 비바람을 피할 만한 곳이 없었다. 온몸이 비에 젖고 피로에 지쳐 기진맥진할 무렵 겨우 비를 피할 만한 굴을 하나 발견하여, 굴 속으로 들어가서 잠을 자게 되었다.
　잠자다가 목이 마른 원효는 물을 찾아 이리저리 더듬었는데 머리맡에 있던 낡은 바가지에 빗물이 가득 고여 있었다.
　물을 마시니 그 물맛이 꿀맛 같았다.
　그런데 다음날 아침에 보니 그것은 바가지가 아니고 사람의 해골이었다.
　지난밤에 해골에 고인 물을 마신 것이다.

그 바가지가 해골이라는 것을 알게 되자 갑자기 구역질이 났고 뱃속에 있던 모든 것을 다 토하고 말았다. 원효 대사는 여기에서 모든 것을 깨달았다.

심생칙종종법생(心生則種種法生)
심멸칙촉루불이(心滅則髑髏不二)

마음이 일어나면 여러 가지 법이 생겨나고
마음이 없어지면 해골과 바가지가 둘이 아니다

"부처의 말씀에 삼계(三界)가 오직 마음뿐이라 하였는데, 내 마음이야 당나라에 가나 고국으로 돌아가나 항상 그 마음이 그 마음인 것을!"
그리고 그 길로 당나라 가는 것을 그만두고 본국으로 돌아갔다고 한다.

19. 순교자 이차돈(異次頓)의 죽음

신라 법흥왕 15년(서기 528) 아도화상이 불교를 신라에 전파하러 오자 왕은 불교를 받아들이려 하였다.
그러나 여러 신하들이 완강히 반대해서 왕은 뜻을 이루지 못하고 있었다.
그때 이차돈만은 왕에게 불교의 전파를 주장하며 아뢰기를, "소인의 목을 베어 여러 사람들의 반대를 막으소서."라고 하였다.

"불도를 전파하려는 사람이 어찌 무고한 사람을 죽이겠는가."

하지만 신하들의 만류는 거세기만 하였다.

"승려들은 머리를 깎고 이상한 옷을 입고 말이 야릇하니 상도(常道)가 아닙니다. 만일 이 도를 행하면 후회가 있을 터이니 왕명을 받자올 수 없나이다."

그러나 이차돈만은 불교가 깊고 오묘한 것이니 마땅히 받아들여야 한다고 권하였다.

"여러 사람의 말이 모두 일치하거늘 어찌 너만은 딴 말을 하느냐."

결국 왕은 명을 내려 이차돈의 목을 치게 하였다.

이차돈은 죽음을 앞두고 하늘에 빌었다.

"내가 불법(佛法)을 위해 형벌을 받사오니 하늘이 신령하시면 내가 죽은 후에 이상한 기적이 있기를 바랍니다."

옥졸은 여러 사람들이 보는 앞에서 왕명대로 이차돈의 목을 쳤다.

그런데 목이 떨어지자 목에서 우유 같은 흰 피가 솟고 천지가 캄캄해지며 하늘에서 아름다운 꽃비가 내렸다.

군중들과 신하들은 기이하게 생각하고 감히 누구도 불교 전파에 반대하지 못하였다. 그리하여 신라에 불교가 정착하게 되었다고 한다.

20. 부설 거사(浮雪居士)

 부설 거사(浮雪居士)는 신라 선덕여왕 때의 사람으로 성은 진(陣)이고 이름은 광세(光世)였다.
 어려서 출가하여 경주 불국사에서 원정(圓淨)의 제자가 되었다.
 그 뒤 영조(靈照)·영희(靈熙) 등과 함께 지리산(智異山)·천관산(天冠山)·능가산(愣伽山) 등지에서 수년 동안 수도하다가 문수도량(文殊道場)을 순례하기 위하여 오대산으로 가던 중, 지금의 전라북도 김제군 만경들이 있는 두릉(杜陵)의 구무원(仇無冤)의 집에서 하룻밤을 지내게 되었다.
 그 집의 딸인 묘화(妙花)는 18세였는데 나면서부터 벙어리였으나 부설의 법문을 듣고 말문이 열렸다. 그때부터 묘화는 부설을 사모하게 되어 함께 살자고 하였다. 부설은 승려의 신분으로 그럴 수 없다고 거절하였고 묘화는 자살을 기도하였다.

"모든 보살의 자비는 중생을 인연에 따라 제도하는 것이다."

결국 둘은 부부가 되었고 그 후 15년을 살면서 아들 등운(登雲)과 딸 월명(月明)을 낳았는데 다른 일들은 모두 부인에게 맡기고 별당을 지어 수도에만 전념하였다.

그 뒤 몇 해가 지나고 영희와 영조가 부설을 찾아왔을 때 세 사람은 서로의 도력을 시험하게 되었다.

질그릇 세 개에 물을 가득 채워서 줄에 매달아 두고 병을 깨뜨려서 물이 흘러내리는가 아닌가로 도력을 가늠하기로 하였다.

영희나 영조가 병을 치자 병이 깨지며 물이 흘러내렸지만 부설이 병을 치자 병은 깨어졌으나 물은 공중에 매달려 있었으며 흘러내리지 않았다.

부설은 거사로서 열심히 수행하여 그 공덕이 스님을 능가했던 것이다. 부설은 참된 법신에 생사가 없다는 것을 밝히는 설법을 한 뒤 단정히 앉아서 입적하였다.

영희와 영조가 다비(茶毘)하여 사리를 묘적봉(妙寂峰) 남쪽에 안치하였다. 아들 등운과 딸 월명은 출가하여 도를 깨우쳤으며, 부인 묘화는 110세까지 살다가 죽기 전에 집을 보시하여 절을 만들었다고 한다.

그림은 부설 거사가 도력을 시험하는 장면이다.

21. 포대화상(布袋和尙)

　포대화상은 중국의 승려인데, 이름은 계차(契此)이고 명주(明州) 봉화현 사람이었다.
　몸집이 뚱뚱하고, 이마는 늘 찡그려 깊은 주름이 잡혀 있고, 커다란 배는 늘어져 이상한 모습을 하고 있었다.
　말이 일정치 않고 횡설수설 아무말이나 잘 지껄였으며, 길을 가다가 피곤하면 아무데서나 잘 눕고, 졸리면 어디서라도 잠을 잤다.
　언제나 지팡이에 큰 자루를 지니고 다녔는데 필요한 소지품은 모두 그 자루 속에 넣고 다녔다. 그리고 무엇이든 보기만 하면 달라고 하였는데 얻은 물건도 모두 자루 속에 넣었다.
　먹을 것을 주면 받아먹으면서 조금씩 나누어 자루 속에 넣곤 하였으므로, 사람들이 그의 별명을 포대화상이라고 붙였다.

특히 날씨 예측이나 사람들의 길흉화복(吉凶禍福)을 잘 예언하였는데 맞지 않는 일이 없었다고 한다.

한곳에 오래 머무르는 법이 없고 계속 어디론가 방황하면서 늘 길을 걸어다니며 일생을 보냈다. 그가 남긴 게송을 봐도 이를 알 수 있다.

一鉢千家飯(일발천가반)
　바루대 하나로 천 집의 밥을 얻어먹으며
孤身萬里遊(고신만리유)
　외로운 이 몸 만리 길을 떠다니네
靑日觀人少(청일관인소)
　맑은 날에도 사람 만나기가 어렵고
問路白雲頭(문로백운두)
　길을 묻는 사이 머리에는 백발이 내렸네

자기의 죽음을 예언하고, 서기 916년 3월 명주 악림사(岳林寺) 행랑 밑 반석에 단정히 앉아서 입적하였다.

그때도 다음과 같은 게송을 남겼다.

彌勒眞彌勒(미륵진미륵)　미륵불 중에도 진짜 미륵불
分身百千億(분신백천억)　백천억 가지로 몸을 나누어
時時示時人(시시시시인)　항상 사람들 앞에 나타나도
時人自不識(시인자불식)　사람들이 스스로 알지 못하네

그때서야 사람들은 포대화상을 미륵 보살의 화현(化現)이라 하여, 그 모습을 그려서 받들어 모시게 되었다.

22. 한산(寒山)과 습득(拾得)

한산(寒山)과 습득(拾得), 풍간(豊干)은 모두 중국 당나라 때 스님이다.
어느 날 풍간이 길을 가다가 버려진 남자 아기를 하나 주워서 절에 맡겼다. 주지 스님은 습득에게 법당 부처님 앞에 있는 촛대와 향로를 청소하는 소임을 주었다.
하루는 스님이 법당 앞을 지나는데 법당 안에서 말소리가 들렸다.
"부처님, 밥 잡수시오. 안 잡수셔? 그럼, 내가 먹지."
"부처님, 반찬 잡수시오. 안 잡수셔? 그럼, 내가 먹지."

스님이 이상해서 법당 문을 열어 보니 습득이 부처 턱 밑에 앉아 공양 올린 밥을 숟가락으로 퍼서 부처 입에 갖다 대고는 자기가 먹으면서 연신, "부처님, 밥 잡수시오. 안 잡수셔? 그럼, 내가 먹지."하고 있었다. 화가 난 스님은 습득을 강등시켜 부엌에서 설거지를 하는 소임으로 바꾸었다.

어느 날 고두밥을 쪄서 멍석에 말리는데, 새들이 와서 먹을까봐 습득에게 지키라고 하였다.

습득은 고두밥을 지키다가 그만 잠이 들었는데 깨어 보니 새들이 날아와서 고두밥을 모두 먹어 버린 뒤였다.

습득은 막대기를 들고, 옆에 있는 사천왕에게 달려가서 힘껏 사천왕을 후려치며 소리쳤다.

"고두밥을 먹는 새도 못 지키는 주제에 감히 어찌 절을 지키겠는가!"

그때 주지 스님의 꿈에 사천왕이 나타나서 "스님, 습득이가 때려서 아파 견딜 수가 없습니다."라고 하였다. 스님이 깜짝 놀라 사천왕에게 달려가 보니 습득이가 계속 사천왕을 때리고 있었다.

습득은 부엌에서 대중이 먹고 남은 밥을 얻어서 대통에 넣어 한산(寒山)과 어울려 여기저기 돌아다니며, 일없이 하늘을 보고 웃기도 하고, 큰소리를 지르고 미친 짓을 하면서도 입에서 나오는 말은 모두 불도(佛道)의 이치에 맞는 말만 하였다.

어느 날 태주 자사(台州刺使) 여구(閭丘)가 한산을 찾아와서 옷과 액을 주었다. 한산은 "도적놈아! 요 도적놈아! 물러가라."하고 고래고래 소리지르면서 바위굴 속으로 들어가 버렸는데 그 뒤로는 그들을 본 사람이 없다고 한다.

그들은 시에도 능했는데 시를 지으면 나뭇잎과 바위 등에 써 놓았다고 한다.

전해오는 한산의 시 한 수를 소개한다.

창공은 나를 보고 티 없이 살라 하고
청산은 나를 보고 말 없이 살라 하네
사랑도 벗어 놓고 미움도 벗어 놓고
물같이 바람같이 살다가 가라 하네.

23. 여의주를 얻은 의상 조사(義湘祖師)

신라 때의 고승 의상 조사(義湘祖師)가 당나라에서 공부를 마치고 돌아와서, 관세음 보살의 진신(眞身)이 해변가 굴 속에 산다는 말을 듣고 그 굴을 찾아나섰다.

동해안 낙산(洛山)이라는 곳에 이르러, 관세음 보살 친견(親見)하기를 기원하며 7일간의 기도를 올렸더니, 불법(佛法)을 수호하는 여러 신장(神將)과 용신(龍神)이 의상 조사를 인도해서 낙산 관음굴 속으로 인도하였다.

의상이 공중을 향하여 참례하니 공중에서 수정(水精) 염주가 한 벌 내려왔다. 의상 조사가 그것을 받아서 굴 속에서 물러나오는데, 동해의 용왕이 여의주 한 개를 주는 것이었다.

굴에서 나온 의상이 다시 7일간 기도를 하였더니 관세음 보살이 의상 앞에 나타났다. 그리고 "이 산 꼭대기에 한 쌍의 대나무가 자랄 것이니 그곳에 법당을 지어라."하고는 홀연히 사라졌다.

의상 조사는 즉시 굴 위로 올라갔다.

얼마 뒤 과연 대나무가 땅에서 솟아났다. 의상 조사는 그곳에 법당을 짓고 관음상을 모시니, 그 둥근 얼굴과 고운 모습이 마치 하늘에서 난 듯했다.

대나무가 다시 없어졌으므로 비로소 그곳이 바로 관세음 보살의 진신이 살고 있는 곳이라는 곳을 알게 되었다.

그래서 그 절의 이름을 낙산사(洛山寺)라 하고, 의상 조사는 자기가 받은 염주와 여의주를 성전에 봉안하고 낙산사를 떠났다.

그 후 원효대사가 와서 여기서 예를 올렸다.

『삼국유사』

24. 홀로 도를 깨친 나반 존자(那畔尊者)

공부를 하는 사람이나 도를 닦는 사람이나 모두 스승은 꼭 있기 마련이다.

스승 없이 홀로 도나 학문을 이룬다고 하는 것은 너무나 힘이 들고 어려운 일이다.

그런데 어느 누구의 가르침도 받지 않고 홀로 공부해서 훌륭한 아라한과(阿羅漢果)를 얻고 연각(緣覺)을 이룬 성자가 있다.

바로 나반 존자이다.

옛날 그는 혼자서 도를 깨친다는 큰 꿈을 안고 홀로 천태산(天台山)으로 들어갔다. 그리하여 바위 위에 정좌하고 깊은 정(定)에 들어가서, 석가모니가 깨달은 것처럼 우주와 인생의 진리를 깨달아서 만고에 빛나는 성자가 되었다.

나반 존자의 스승은 하늘의 뜬 구름이요, 계곡을 흐르는 물이요, 철따라 우는 풀벌레들이었다.

한치의 오차도 없이 움직이는 대자연의 운행이며 철마다 변하는 무상한 산천의 경치가 모두 그의 스승이었다.

25. 학을 탄 왕교(王喬)

왕교(王喬)는 중국 후한 때의 사람이다.

신통력을 갖고 있어서 늘 사람들을 놀라게 했다고 한다.

그는 매월 음력 초하룻날과 보름날에는 조정에 들러 임금을 만나서 나라를 다스리는데 좋은 조언을 하였다고 한다.

그런데 어느 날 현종(顯宗) 임금이 그가 오는 것을 보니 말이나 수레를 타고 오지 않으므로 이상하게 생각하여 몰래 사람을 시켜 엿보았더니, 그는 커다란 학을 타고 동남쪽 하늘에서 훨훨 날아왔다고 한다.

그래서 현종은 커다란 그물을 쳐서 학을 잡으려 하였는데 학이 미리 알고 다른 곳으로 날아갔다고 한다.

전설에 의하면 그는 원래 주(周)나라 영왕(靈王)의 아들이었는데, 바른 말을 잘하다가 미움을 받아 서민으로 강등되었다고 한다.

피리의 일종인 생황(笙簧)을 잘 불었는데 그가 생황을 불면 어디선가 봉황도 함께 노래를 부른다고 한다. 봉황이 울면 천하가 태평하고 나라에 경사가 잇따라 생긴다고 한다.

말년에는 이락(伊洛)에서 놀았고, 도사 부구(浮丘)와 숭산(崇山)에 들어가서 30여 년을 지내다가 신선이 되어 하늘로 올라갔다고 한다.

26. 찬즙 대사(贊汁大師)와 관음 바위

 영조 24년(1748) 지금의 연세대 자리에 원래 봉원사(奉願寺)가 있었는데 절터를 나라에서 쓸 일이 있으니 절을 비우라는 어명이 내렸다.
 청천벽력 같은 소식을 들은 주지 찬즙(贊汁)은 목욕 재계하고 다음날 새벽부터 백일 기도를 올리게 되었다.
 그런데 100일이 되던 날 새벽 비몽사몽간에 거대한 바위 앞에 한 여인이 나타나서 말하였다.
 "지금의 도량은 내가 머물기에 적합하지 아니하니 대사께서 부디 좋은 가람 터를 잡아 좋은 가람을 지어 주시오."
 찬즙 대사는 "식견과 덕이 부족하니 부디 길을 인도해 주십시오." 하고 애원했다. 그러나 꿈에 나타난 여인은 "대사의 신심으로 능히 내 모습을 한눈에 볼 수 있는 도량을 찾을 것이오."하고는 허공으로 사라져 버렸다. 깨어 보니 꿈이었다.

다음날 찬즙 대사는 대중 몰래 도원을 데리고 가람 터를 찾으러 길을 떠났다. 그러나 아무리 찾아봐도 꿈에서 본 큰 바위와 절터를 찾을 수가 없었다.

짚신도 다 해어지고 며칠째 잘 먹지도 못해서 배가 몹시 고팠는데 떡을 파는 할머니가 다가왔다.

떡을 사먹는 그들에게 노파가 웃으며 말했다.

"살다 보니 별꼴 다 보겠네. 저쪽 장터에 개 눈을 가려 놓고 먹을 것을 주니, 개는 눈에 가린 것을 풀 생각은 않고 먹이 생각만 하는데, 그것이 꼭 봉원사 주지 찬즙과 같지 않겠소."

대사는 방망이로 맞은 듯 정신이 아찔했다. 단숨에 장터로 달려가 보았지만 거기에는 아무도 없었다. 돌아와 보니 떡장수도 없었다.

찬즙 대사는 크게 깨달은 바가 있어 조용한 장소를 찾아 고요히 정(定)에 들어가서 관(觀)해 보았더니, 꿈에서 본 바위가 바로 절 뒤 종암 선사가 거처하는 반야암(般若庵) 앞에 있었다.

바위 앞으로 달려가서 다시 자세히 보니 바위 전체가 바로 꿈에서 본 자비로운 관세음 보살의 모습이었다. 찬즙 대사는 눈물을 흘리며 무수히 절을 했다. 그리고 그곳에 새 가람을 지었다.

사람들은 그 절을 새로 옮긴 절이라 해서 새 절이라고 불렀다.

지금도 절 동쪽 능선에 서울 장안을 지켜 주는 듯한 거대한 관음 바위가 있고, 새벽이면 약수를 찾는 사람들이 줄을 잇는다고 한다.

27. 대전 선사(大顚禪師)와 한유(韓愈)

대전(大顚)은 당나라의 고승으로 석두(石頭)에게서 법을 배워 크게 깨우친 사람이다.
어느 날 석두가 대전에게 물었다.
"무엇이 그대의 마음인가?"
"말하는 놈입니다."
대전이 대답하자 석두는 문득 갈(喝)을 했다.
며칠이 지난 뒤 대전이 도리어 물었다.
"먼저 번에 말한 것이 옳지 않다면 그 밖에 어떤 것이 마음입니까?"
"양미동목(揚眉動目)하지 말고 마음을 가져오너라."
"마음을 가져갈 수 없습니다."
"본래 마음이 있는데 어째서 마음이 없다고 하는가? 마음이 없다면 모두 비방하는 것이니라."
대전이 이 말을 듣고 크게 깨쳤다고 한다.
정원 6년(790) 조주(潮州) 영산(靈山)에 은거하여 법을 전하자 많은 제자와 고명한 학자가 사방에서 모여들었는데, 그때 유명한 문장가 한유(韓愈)도 그를 찾아가서 함께 지냈다고 한다.

이때 한유는 그의 도력을 실험하기 위해 밤중에 대전화상이 거처하는 방에 남몰래 미녀를 보냈다.
 그러나 대전 선사는 평상과 다름없는 태연자약한 자세로 그녀에게 설법을 마치고, 치맛자락에 '내 어찌 귀한 정액을 그대 몸 속에 쏟으리오.'라는 글을 쓰고 여자를 돌려보냈다고 한다.
 이 일은 지켜본 한유는 큰 스님을 시험한 것을 몹시 뉘우치고 오랫동안 좋은 교분을 맺었다고 한다.

열두번째 이야기

기타 설화

기타 설화

이외에도 설화가 담겨 있는 많은 벽화들이 현존하고 있는데, 시대에 따라 작가에 따라 다양하게 그려진 이들 벽화 속에는 귀중한 가르침이 있을 뿐만 아니라 무척 유익하고 재미있다.

1. 등에 나무가 난 물고기

옛날 중국 동정호 가까이에 공부가 하늘에까지 닿은 도승(道僧) 한 분이 있었다.

중국은 물론이고 다른 나라에서까지도 스님의 높은 가르침을 받으려고 많은 사람들이 모여들어, 스님 밑에는 많은 제자들이 있었다.

그런데 그중 한 제자가 공부를 하려는 뜻을 세워 스님의 제자가 되기는 하였으나, 시간이 갈수록 점점 게으름이 나서 하라는 공부는 하지 않고 장난만 일삼았다. 스님은 여러 번 좋게 타일렀으나 게으른 제자는 스님의 말씀을 듣지 않고 계속 방종한 길로만 흘러갔다.

할 수 없이 스님은 그 제자에게 벌을 주기로 결심하고, 신통력을 부려 그를 물고기로 만들어 동정호 속에 던지고 말았다. 그리고 반성을 하면 다시 사람으로 되돌려 주겠으니 참회하고 근신하라고 말하였다. 그러나 물고기가 된 제자는 반성은 커녕 물 속을 마음대로 헤엄쳐 다니며 처음 보는 물 속을 구경하면서 더 재미있게 놀기만 하였다.

이를 안 스님은 물고기에게 더 무거운 벌을 주기로 결심하였다.

그리하여 물고기의 등에 커다란 나무를 한 그루 심었다.

목어(木魚)는 물고기 등에 있던 나무로 만들었다는 전설이 있다.

등에 나무가 생기자 물고기는 헤엄을 칠 수도 없고 먹이를 잡아 먹을 수도 없었다. 뿐만 아니라 풍랑이 칠 때마다 등에 있는 나무가 흔들려 등의 살이 찢어지고 피를 흘려 뼈가 깎이는 듯한 고통을 겪었다.

그때부터 그는 후회와 참회의 눈물을 흘리면서 고달픈 세월을 보내게 되었다.

몇 년이 지난 후 마침 스승인 스님이 배를 타고 동정호를 지나게 되었다. 물고기는 이를 알고 스님에게 다가가서 참회의 눈물을 흘리면서 용서를 빌고 살려 달라고 애원하였다.

스님은 제자가 충분히 반성한 것을 보고 수륙제(水陸齊)를 베풀어 그를 다시 사람으로 만들어 주었다.

그리고 물고기 등에 있던 나무로 목어(木魚)를 만들어서 절에 걸어 두고 아침 저녁으로 사람을 모을 때 치면서 많은 제자들이 경계심을 갖도록 했다고 한다. 또한 목어를 더욱 작게 만들어서 늘 몸에 지닐 수 있게 한 것이 바로 목탁이라고 한다.

여러 가지 괘목으로 만든 목탁은 모양도 예쁘고 소리도 청아한 귀중한 불구(佛具)이다.

목어를 축소해 만든 것이 목탁이다.

2. 원융삼점(圓融三点)

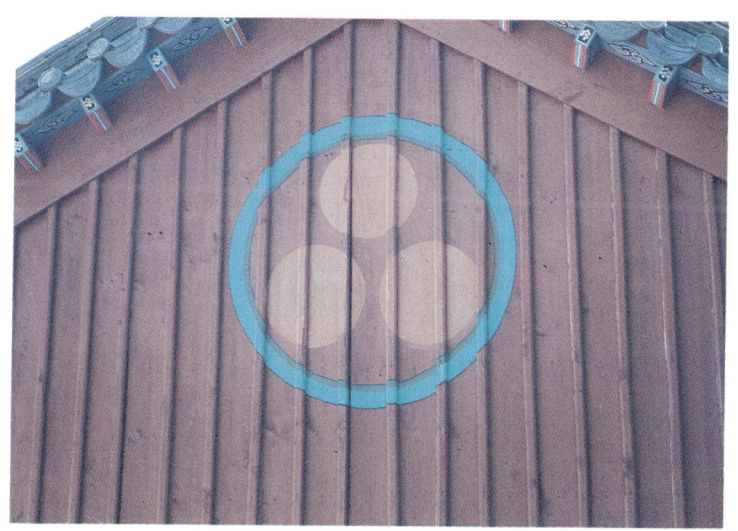

사찰에 벽이나 기타 장소에 많이 보이는 이 그림은 그림이라기보다는 표식(標識)이라고 보는 것이 좋을 것이다.

밖의 큰 원은 원융(圓融)을 상징한다.

원융이란 걸리고 편벽됨이 없이 모든 것에 가득하고 만족하며, 완전히 일체가 되어서 서로 융합하므로 방해됨이 없는 것을 말한다.

불교에서는 모든 사물은 겉보기에 하나 하나 떨어져 있어서 모두가 별개의 것으로 보이나 그 근원을 더듬어 가면 모두가 하나로 어울려 돌아간다고 본다.

그리고 안에 위치한 세 점이 상징하는 뜻은 실로 다양하다.

불(佛), 법(法), 승(僧)의 삼보(三寶)를 상징하기도 하고, 삼법인(三法印)을 상징하기도 한다.

삼법인이란 다음과 같다.

- 제행무상인(諸行無常印) : 일체의 물(物)과 심(心)은 모두 생멸 변화하는 것이며 어느 것도 고정불변한 것은 하나도 없다는 진리.
- 제법무아인(諸法無我印) : 이 세상의 모든 것은 전부 인연에 의해 생긴 것이므로 참다운 아체(我體)인 실체가 없고, 인연이 다하면 그 모든 가체(假體)는 사라지고 만다는 진리.
- 열반적정인(涅槃寂靜印) : 진실한 해탈과 행복은 생사의 바다를 윤회하는 고통을 벗어나 피안인 열반적정의 세계에 있다는 진리.

삼보나 삼법인은 어느 것이 더 소중하고 덜 중하지도 않으며, 모두 평등하고 서로 깊은 상관 관계를 갖고 있다는 것을 나타내고 있는 것이다.

3. 오운산(五雲山) 속명사(續命寺)의 창건 설화

위화도 회군으로 조선을 세운 이성계는 나라의 기틀이 잡히자 명나라에 사신을 보내 국권(國權)을 인정해 달라고 청했다.

그러나 명나라의 왕은 이성계의 건국을 트집잡아 조선에서 보내는 사신은 번번이 목을 베어 죽였다.

여러 사람의 사신이 명나라에 가서 아까운 목숨을 잃었다. 그러나 한결같이 명나라에서는 조선을 인정해주지 않았고 계속 조선의 사신을 죽였다. 그럴 때 조반(趙胖)이 왕명을 받고 조선의 사신으로 명나라에 가게 되었다. 바로 죽음의 길이었다.

명나라의 왕은 조반을 보자마자 역시 전의 사신처럼 형틀에 매달고 청룡도로 목을 치게 했다. 그러나 이상하게도 청룡도가 부러져 버리고 목은 멀쩡했다.

그러자 명나라 왕은 다시 다른 칼로 조반의 목을 치게 했다.

그렇지만 이번에도 이상하게 칼이 부러지고 조반의 목은 역시 멀쩡했다. 포악한 왕은 또 한번 목을 치려고 시도했다. 그리하여 가장 힘센 장수가 있는 힘을 다해서 목을 쳤는데도 결과는 마찬가지였다.

그러자 명나라의 왕은 은근히 겁이 났다. 틀림없이 조반은 하늘이 보낸 사람이라고 생각했고, 또한 조선을 인정하는 것은 천명(天命)이라고 생각했다. 그리하여 드디어 조선을 인정하였다.

조반은 귀국 도중에 황해도 서홍에 숙박하게 되었는데, 꿈에 세 사람의 승려가 나타나서 말했다.

"우리는 오운산의 석불이오. 이번 명나라 황제가 그대의 머리를 베려 하였으나 이루지 못한 것은 우리가 그대의 목을 대신하여 목이 베어졌기 때문이오. 지금 우리는 오운산 바위 밑에 있으니 떨어진 머리를 붙이고 절을 지어 주기 바라오."

꿈에서 깨어난 조반이 다음날 아침 오운산에 가 보니 과연 세 석불의 목이 떨어져 있었다. 조반은 왕에게 그 사실을 모두 고하여 그곳에 절을 짓고 석불의 머리를 붙여서 모셨다.

그리고 목숨을 잇게 해주신 부처를 모신 절이라는 뜻에서 이름을 속명사(續命寺)라고 하였다.

4. 흰 쥐와 검은 쥐

옛날 어떤 사람이 큰 들판에 나갔다가 미쳐서 날뛰는 코끼리 한 마리를 만났다.

열두번째 이야기 · 기타 설화 261

그는 크게 놀라 뒤도 돌아볼 겨를도 없이 도망치다가 들 한복판에 있던 옛 우물터에서 뻗어내려간 등나무 넝쿨을 붙잡고 간신히 위기를 모면할 수 있었다.

그런데 그곳에는 또 다른 적이 있었다. 우물 네 구석에는 네 마리의 독사가 기다리고 있었고 우물 한복판에서는 무서운 독룡이 독기를 내뿜고 있었다.

위에서는 미친 코끼리가 발을 둥둥 구르고 밑에서는 용과 뱀이 혀를 날름거리니, 오도가도 못하게 된 나그네는 유일한 생명줄인 등나무 넝쿨에만 몸을 의지하고 있었는데, 어디선가 흰 쥐와 검은 쥐가 나타나서 서로 번갈아 등나무 줄기를 갉아먹기 시작하였다. 그는 멍하니 하늘을 쳐다봤다.

그런데 머리 위의 큰 나뭇가지에는 몇 마리의 꿀벌들이 집을 짓느라 앉았다 날았다 하였는데 그때마다 꿀이 떨어져서 입에 들어갔다.

그는 꿀의 단맛에 취해서 모든 위험을 잊고 도취되었다. 그러는 동안 대지에는 난데없이 불이 일어나 모든 것을 태워 버렸다고 한다.

『빈두설경(賓頭說經)』

이 이야기에서 넓은 광야는 무명장야(無明長夜), 위험을 만난 사람은 인생, 코끼리는 무상(無常), 옛 우물은 생사, 등나무 줄기는 생명줄, 흰 쥐와 검은 쥐는 낮과 밤, 뱀과 독룡은 죽음, 벌은 헛된 생각, 꿀은 오욕, 불은 늙고 병듦을 각각 비유하고 있다고 한다.

5. 아들을 찾기 위해 발을 씻어 주는 양개화상(良介和尙)의 어머니

동산(洞山) 양개화상(良介和尙, 807~869)은 중국 당나라의 고승이며 조동종(曹洞宗)의 개조(開祖)이다.

양개화상의 어머니는 일찍이 아들 셋을 낳았는데 둘째 아들인 양개화상이 중이 되겠다고 어려서 출가를 한 것이다.

남편마저 일찍 죽자 출가한 아들을 보고 싶은 어머니는 매일 눈물로 세월을 보냈다.

몇 년을 눈물로 지내다 보니 결국 양쪽 눈마저 멀어 버렸다.

그러나 단 한번이라도 아들 양개를 만나고 싶은 마음만은 도저히 버릴 수가 없었다. 그래서 사람들이 많이 왕래하는 강가 길목을 지나가는 모든 스님들의 발을 씻어 주기로 했다.

양개의 왼발은 발가락이 6개였기 때문에 눈이 안 보여도 왼발만

만져 보면 아들을 쉽게 찾을 수 있으리라 생각한 것이다.

몇 년이 지나갔다. 그러나 기다리는 아들을 만날 수 없었다.

그러던 어느 날 허름한 옷을 입은 한 스님이 나타났다.

양개의 어머니는 매일 하던 대로 그 스님의 발을 씻었다. 그런데 그 스님은 오른발만 내밀고 왼발은 상처가 있어서 물에 넣을 수가 없다고 하며 끝까지 내밀지 않았다. 그리고는 어디론가 가 버렸다.

옆에서 이 광경을 보던 사람들이 "바로 그 사람이 아들인 듯한데 왜 잡지 않았는가?"하고 물었다.

그러자 "나도 그가 내 아들인 줄 압니다. 그러나 아들의 결심이 오로지 불도를 닦고 해탈하여 모든 중생을 구제하는 큰 뜻을 품고 있음을 안 이상, 사사로운 모정으로 그를 잡을 수 없어서 그냥 보낸 것입니다."라고 하였다.

한편 양개화상도 그가 어머니인 줄 알았지만 마음을 거두어 도를 생각하고 뜻을 거두고 되돌아간 것이다. 눈앞의 무상한 모자의 정보다는 도(道)를 닦아서 대오 해탈의 경지에 올라, 어머니뿐만 아니라 모든 중생을 고해에서 구해내고 불과(佛果)에 오르게 하는 것이 더 큰 효도라고 생각한 것이다.

그 길로 양개화상은 더욱 결심을 굳게 하고 정진해서 도통(道通)하게 되었다고 한다.

6. 고시레

진묵 대사(震默大師, 1562~1633)는 조선 인조 때의 승려이며 이름은 일옥(一玉)으로 김제 만경 불거촌(佛居村) 사람이었다.

효성이 지극한 그는 어머니에게 남다른 효성을 쏟았는데, 어머니가 세상을 뜨자, 돌아가신 어머니를 생각해서 음식을 먹을 때마다 조금씩 덜어 사방으로 던지며 '고시레'하고 외쳤다고 한다.

고시레는 어머니의 이름이었다고 한다.

또 다른 속설에 의하면 옛날에 아주 불쌍한 할머니가 집도 없이 들판에서 살았는데, 농사철이 되어 들에 일을 하러 간 사람들은 음식을 먹을 때마다 불쌍한 할머니를 꼭 불러서 함께 먹었다고 한다.

그런데 그 할머니가 죽자 할머니의 넋을 위로하기 위해서 음식을 조금 덜어 사방으로 던지며 '고시레'하고 큰소리로 외쳤다고 한다.

고시레는 그 불쌍한 할머니의 이름이었다.

혹은 인간들에게 농사를 가장 처음 가르쳐 주고 종자를 발견한 고씨(高氏)라는 사람에게 감사한다는 뜻에서 유래됐다고 하는 얘기도 있다.

7. 바보 지팡이

옛날 바보 자식을 둔 한 사람이 있었다.

아버지는 너무나 바보짓만 하는 아들이 미워서 옆에 있던 지팡이를 주며, "너보다 더 못난 사람을 만나거든 이것을 주어라."라고 하였다고 한다.

바보 아들은 그것을 짊어지고 다니면서 바보를 찾아다녔다. 그러나 아무리 찾아도 못난 사람이 없었다.

그래서 그 지팡이를 자기 집에 세워 놓고 나무를 하러 갔다.

하루는 나무를 해서 돌아오니 아버지가 죽게 되었다고 어머니가 울고 있었다.

바보 아들은 숨을 헐떡이는 아버지를 보고 물었다.

"아버지, 왜 그러세요?"

"저 세상으로 가려 한다."

"저 세상이 어딘데요?"

"모르겠다. 가 보아야지……."

"며칠이나 걸리며 노자는 몇 푼이나 듭니까?"

"모르겠다."
"지금 가면 언제쯤 돌아오십니까?"
"그것도 모르겠다."
아무리 물어도 아버지는 모두 모른다고만 했다.
그러자 바보 아들은 곧 방에 세워 둔 지팡이를 가지고 와서 아버지의 손에 쥐어 주며 말했다.
"아버지, 이것 받으세요. 바보 지팡이예요. 이 세상에서 아버지보다 더 바보는 없는 것 같아요."

『비유경』

8. 불교에 귀의한 상산사호(商山四皓)

 중국 진시황 때 어지러운 세속을 피하여 합서성(陜西省) 상산(商山)에 은거하던 네 사람의 은사(隱士)가 있었는데, 이들을 가리켜 상산사호(商山四皓)라고 했다고 한다. 그들은 곧 동원공(東園公), 기리계(綺里季), 각리 선생(角里先生), 하황공(夏黃公)인데 모두 눈썹과 수염이 흰 노인들이었다. 그들은 그곳에 은거하면서 스스로 연기의 법칙과 부처의 법을 깨달았다고 한다.

9. 진심(嗔心)을 고친 사나이

옛날 어떤 사람이 남달리 신경질이 많아서 늘 대수롭지 않는 일에 화를 잘 내어 남에게 지탄을 받았다.

그 사람도 그것이 자기의 허물임을 알았으므로 반규화상(盤珪和尙)을 찾아가서 청했다.

"스님, 저는 부모의 유전으로 신경질이 남보다 심하여 늘 남에게 실수를 많이 합니다. 저의 선천적인 신경질을 고쳐 주십시오."

그 말을 듣고 스님이 제안을 했다.

"그것 참, 못된 병을 가졌구려. 내가 지금 고쳐 줄 것이니 내 앞에서 신경질을 내 보시오. 그리고 화를 내면서 나를 두드려 패 보시오."

"그게 아닙니다. 누가 나의 성질을 건드려서 약이 올라야 신경질이 나지 아무 일도 없는데 신경질이 나지는 않습니다."

스님은 허허 웃으며 말했다.

"그렇다면 신경질은 본래 있는 것이 아니잖소? 그런데 부모의 유전이라고 하니 그런 불효막심한 일이 어디 있소? 어떤 부모든지 자식에게 좋은 것을 물려 주지 나쁜 것을 주는 부모는 없소. 그러니까 그 신경질은 당신이 만든 것이지 부모가 준 것이 아닙니다. 그리고 상대가 건드리지 않으면 그 신경질이 안 일어난다고 하니 당신에게도 본래 신경질이 있는 것이 아니오. 만일 있다면 부려 보시오. 신경질이 어디 있는가."

"글쎄요, 지금은 아무리 찾아봐도 신경질이 없습니다."

"그것 보시오. 그러니까 지금부터는 관세음 보살을 많이 부르고 관세음 보살님과 함께 사시오. 사람을 상대하지 말고 관세음 보살을 상대하시오. 사람을 대하거든 관세음 보살을 대하듯 공손하게 대하시오. 그리하면 그 신경질은 아주 없어질 것이오."

그 후 그 사나이는 못된 신경질을 부리지 않는 착한 사람이 되었다고 한다.

『관음 영험록』

10. 사미(沙彌)와의 약속

범일국사(梵日國師)가 한때 당나라에 들어가 명주(明州) 개국사(開國寺)에 머무른 적이 있었다.

그때 왼쪽 귀가 없는 한 사미(沙彌)가 범일국사에게 부탁을 하나 했다.

"나도 국사님과 한 고향 사람입니다. 집은 명주(溟州, 지금의 강릉) 익령현(翼嶺縣) 덕기방(德耆坊)입니다. 스님께서 고국에 돌아가시거든 부디 우리 집을 지어 주십시오."

국사는 사미의 부탁을 들어 주겠다고 약속했다.

그리고 사방을 유람하다가 염관 선사(鹽官禪師)에게 법을 배운 다음 고국으로 돌아와서 굴산사(崛山寺)를 창건하고 포교에 힘쓰고 있었다.

그런데 어느 날 꿈에 전에 만났던 그 사미가 나타나서 말했다.

"국사님! 명주 개국사에 계실 때 우리 집을 지어 주신다고 약속을 하셨는데 집을 짓는 일이 어찌 이렇게도 늦습니까?"

범일국사가 놀라 깨어 보니 꿈이었다.

그는 곧 사람을 수십 명 데리고 익령현으로 가서 수소문하여 덕기 방을 찾아보았으나 찾을 길이 막연했다.

그러나 계속 수소문해서 낙산(洛山) 밑 한 촌락에 어떤 여인이 있는데 이름이 '덕기'이고, 그에게 아들이 하나 있는데 이제 겨우 나이가 여덟 살이라는 것을 알았다.

그리고 그 아이는 늘 동네 앞 녹다리 밑에서 놀면서 "나하고 같이 노는 아이는 금색동자래요."라고 말한다는 것을 전해 들었다.

범일 국사가 곧 그리로 가서 아이를 데리고 다리 밑으로 가 보았더니 과연 돌부처가 하나 있었다.

그리고 그 돌부처를 잘 살펴보았더니 왼쪽 귀가 없고 그 얼굴 모양이 전에 보던 사미와 같았다고 한다. 그 사미는 바로 정취 보살(正趣菩薩)이었다. 국사는 그곳에 즉시 암자를 지어서 돌부처를 잘 모셨다고 한다.

『삼국유사』

11. 목신(木神) 이야기

　인도 사람들의 복업은 훌륭한 수행자에게 자기가 가진 가장 소중한 것을 공양하는 것이었다.
　그래서 가난한 사람들은 마음이 있어도 형편이 되지 않아 공양을 바칠 수 없어서 늘 고민이었다.
　그런데 석가모니가 이 땅에 있을 때 한 가난한 사람이 석가모니에게 자기가 가진 단 한 조각의 빵을 공양하고 많은 복을 받은 일이 있었다.
　이때 석가모니는 "그가 그렇게 되기까지에는 사욕 없이 전생부터 많은 복업을 닦아 왔기 때문이다."라고 하면서 다음과 같은 이야기를 들려 주었다.
　옛날 범여왕이 바라나시를 다스리고 있을 때 모든 사람들은 축제일이 되면 자기가 섬기는 나무에게 음식을 가지고 가서 소망을 빌었다.

그러나 한 농부는 워낙 가난해서 아무것도 바칠 것이 없었다. 그래도 조금 남은 밀가루를 반죽해서 빵을 구워 나무신에게 가서 정성껏 바쳤다. 목신(木神)은 그것을 기쁘게 받고는 그에게 금이 많이 묻혀 있는 곳을 가르쳐 주었다.

가난한 농부는 그 금을 캐서 부자가 되었는데, 그 돈으로 가난한 여러 사람들을 많이 도와주고 착한 일을 많이 하였다.

그 후 그 일이 나라에도 알려져서 많은 상을 타고 높은 벼슬을 얻게 되었다고 한다.

석가모니는 "그때의 나무신은 전생의 나요, 공양을 바친 사람은 바로 저 사람이다. 그때도 내게 공양하여 큰 부자가 되고 출세하였는데, 오늘도 내가 그 보잘것없는 빵 한 조각을 받아먹음으로써 그것이 널리 알려져 그에게 복을 사가는 사람이 많으므로 엄청난 부자가 되고 벼슬도 얻게 된 것이다."라고 하였다.

12. 두 글자를 깨치지 못한 사미(沙彌)

옛날 중국 진(秦)나라 때 동사(東寺)라는 절에 한 스님이 있었다.
그 스님은 제자인 한 사미(沙彌)에게 법화경을 가르쳐 주었는데 제자는 총명해서 스님의 강설을 잘 이해하고 깊게 통달하였다.

그런데 다만 약초유품(藥草喩品)에 나오는 애채(曖彩, 뭉개 구름이라는 뜻)라는 두 글자만은 아무리 가르쳐 주어도 잊어 버리고 알지 못하였다.

화가 난 스님은 "너는 법화경을 환히 통달하였는데도 어찌하여 이 두 글자만은 그렇게도 깨닫지 못하느냐!"하고 몹시 꾸짖었다.

그런데 그날 밤 꿈에 한 스님이 나타나서 말하는 것이었다.

"그대는 사미를 너무 나무라지 마시오. 그 사미는 전생에 절 동쪽 마을에서 살던 한 여자인데 법화경을 열심히 독송하며 살다가 일생을 마친 사람이오. 하지만 그 법화경의 약초유품에 나오는 애채라는 두 글자에만 좀이 슬어서 알아볼 수 없었기 때문에, 이제 다시 태어나서 새로 배우게 되어도 다른 것은 잘 터득하지만 그 두 글자만은 익힐 수 없는 것이오. 지금도 그 집 다락에는 그때의 법화경이 있으니 내 말을 못 믿겠거든 가서 알아보시오."

다음날 스님은 그 집을 찾아갔다.

그리고 주인에게 "댁에 무슨 경이 있습니까?"하고 물으니, 주인은 "예, 법화경이 한 권 있습니다."하고 책을 내어다가 스님에게 보여주었다.

"이 경책은 죽은 큰 며느리가 살아 있을 때 늘 독송하던 경책인데, 며느리가 죽은 지 벌써 17년이나 되었습니다."

스님이 법화경을 받아 펼쳐 보니 과연 약초유품에 나오는 애채(曖彩)라는 글자에 좀이 슬어서 보이지 않았다.

스님은 여러 가지로 그 며느리가 살아 있었을 때의 일들을 물어 보았다. 그리고 그 집 며느리가 죽은 달과 사미가 잉태된 달을 맞추어 보니 날짜가 틀림없었다. 사미는 그 며느리가 환생한 것이었다.

그 뒤 그 사미가 어떻게 세상을 살았는지 또는 어디로 가 버렸는지 아는 이가 아무도 없다고 한다.

13. 용궁에서 온 강아지

옛날 가야산 깊은 골짜기에 팔십이 넘는 나이 많은 부부가 외롭게 살고 있었다. 산이 험해서 아무도 찾아오는 사람이 없었으므로 그들은 화전을 일구고 나무 열매를 따먹으면서 바람과 새소리를 벗삼고 있었다.

그런데 어느 날, 아침을 먹고 산에 가려는 이들 앞에 어디서 나타났는지 털이 복실복실한 귀여운 강아지 한 마리가 사립문 안으로 들어왔다.

일년 내내 왕래하는 사람이 없는 산속에, 강아지가 갑자기 나타나서 좀 이상하기는 했지만 친자식처럼 여기며 함께 잘살았다.

노부부의 사랑을 흠뻑 받으며 강아지는 무럭무럭 잘 자랐다.

삼 년이 지나자 강아지는 큰 개가 되었다.

강아지를 얻은 지 꼭 삼 년 되던 어느 날 아침, 슬픈 표정을 하고 개가 사람처럼 말하는 것이었다.

"할아버지 할머니, 저는 동해 용왕의 딸인데 죄를 지어 개의 모습으로 인간 세상에 왔습니다. 다행히 두 분의 보살핌으로 무사히 죄값을 치르고 이제 다시 용궁으로 가게 되었습니다. 두 분의 은혜가 하해와 같으므로 저의 수양 부모로 모실까 합니다."

노부부는 정말로 신기하게 생각했다.

"우리가 지금까지 너를 친자식처럼 길러 왔는데 어찌 부모 자식의 의를 마다하겠느냐."

"제가 용궁으로 돌아가서 용왕님께 두 분의 은혜를 말씀드리면, 용왕님은 12사자를 보내어 두 분을 용궁으로 모셔서 극진한 대접을 하시고, 돌아올 때 저를 길러 주신 보답으로 무엇이든 원하는 물건을 가져 가라고 하실 것이니, 그때 아무리 좋은 것을 주어도 모두 싫다 하시고 용왕 의자 앞에 있는 해인이라는 도장을 달라고 하십시오. 그 도장은 세 번 툭툭 치고 무엇이든지 원하는 것을 말하면 모두 나오는 신기한 보물입니다."

개는 말을 마치자 공중을 세 번 뛰어 어디론가 가 버렸다.

그런 일이 있고 얼마가 지난 어느 날 밤, 용왕의 사자가 노인을 모시러 왔다. 노인은 그들이 가져온 옥가마를 타고 바람처럼 달려 용궁으로 갔다.

아름답고 신기한 용궁의 경치에 그저 감탄할 따름이었다. 아름다운 공주가 버선발로 뛰어나오며 노인을 반기고, 풍악이 울리자 용왕이 나와서 노인을 친절히 맞이하였다.

"먼 길을 오시느라 수고 많았습니다. 삼 년이나 제 딸을 잘 돌봐 주셔서 감사합니다."

용왕의 환영을 받으며 용궁에서 한 달을 지낸 뒤 노인이 집으로 돌아가기를 청하자, 용왕은 무엇이든 원하는 것을 줄 터이니 소원을 말하라고 하였다. 노인은 개가 말한 대로 다른 것은 모두 싫고 해인을 달라고 하였다.

"허허, 그것은 용궁의 옥새로 매우 중요한 것이외다. 허나 무엇이든 원하는 것이라면 다 주겠다고 약속했으니 가져 가시오. 잘 보관 했다가 이것으로 지상에 좋은 절을 세우는 데 쓰도록 하시오."하며 용왕은 황금 보자기에 해인을 싸서 노인에게 주었다.

다음날 노인은 용궁을 떠나왔다.

공주는 목이 메어 말을 하지 못하며 이별을 슬퍼했다.

노인도 이별의 아쉬움으로 눈물을 흘리며 가야산 깊은 골짜기에 도착하였다. 집에 도착한 노인은 아내에게 용궁에서 있었던 일들을 모두 말하고 해인을 꺼내서, "내가 용궁에서 먹던 음식 나오너라."하였더니 방안 가득 맛있는 음식이 나왔다.

노부부는 기쁘고 신기했다. 무엇이든 안 되는 것이 없었다.

이렇게 편하게 오래오래 살다가 죽을 날이 가까워지자 그들은 절을 지었는데, 그 절이 바로 지금 합천에 있는 해인사(海印寺)라고 한다.

노인들이 죽자 자식이 없었으므로 해인을 해인사(海印寺)에 안치시켰다고 하는데, 그래서 절의 이름을 해인사라고 했다 한다.

14. 불도(佛道)를 닦는 백수공(白鬚公)

백수공(白鬚公)은 중국 북제(北齊)에 살았던 최백겸(崔白謙)의 별명이다.

그는 고상하고 성품이 온유하여 항상 사람들을 덕으로 다스리고 자비로 대하였다.

그리하여 모든 백성들이 그를 친어버이처럼 따랐고 흠모했으며, 어려움이 생기면 늘 그를 찾아가서 상의했다.

　그는 웅현(雄縣)의 장관으로 있으면서, 관내를 순찰할 때 가마를 타지 않고 늘 소나 말을 타고 온 고을을 다니면서 백성들을 만나 그들의 말을 직접 들어서 정치에 반영시켰다고 한다.

　그는 길고 아름다운 흰 수염을 마치 바람에 나부끼는 수양버들처럼 길게 늘어뜨리고 있었는데 흰 수염을 가진 공자(公子)라는 뜻으로 백수공(白鬚公)이라 불리웠다.

　말년에 이자성(李自成)의 난이 일어나서 나라가 어지러워지자 청량산(淸凉山)에 들어가서 불도를 닦다가 나중에는 신선이 되어 나귀를 타고 하늘에 올라갔다는 말이 전해진다.

15. 불공을 드려서 얻은 자식

고려 때의 일이다.

전라도 임실 땅에 풍산 심씨 부부가 살고 있었다. 그들은 마음씨도 착하고 재산도 넉넉해서 늘 불쌍한 이웃을 도우며 살았으므로 많은 사람들로부터 존경받았다.

그런데 남부럽지 않게 잘사는 부부였지만 늦게까지 자식이 없었다. 그래서 늘 아들 하나 낳기를 소원으로 삼고 항상 석가모니께 자식을 얻게 해달라고 기원하며 살았다.

심 부자가 45세가 되던 4월 8일, 꿈에 관세음 보살이 나타나서 말했다.

"그대들이 불도를 지성으로 믿고 항상 착하게 사니, 소원대로 아들을 하나 점지해 주겠소. 그러나 그 아들은 도솔천 내원궁에 계시는 제석천의 상좌이니 속세에서 오랫동안 살 수 없소. 속세에서 더럽혀지지 않도록 20세가 되면 출가를 시켜야 하오. 출가하면 반드시 큰 그릇이 될 것이니, 크게 이루라는 뜻으로 법명을 대성(大成)이라고 하시오."

깨어 보니 꿈이었다.

과연 그 달부터 부인이 생각지도 않던 태기가 있어 열 달이 지난 다음 귀엽고 튼튼한 아들을 하나 낳았다.

아기는 자랄수록 인물이 출중하고 총기가 남보다 뛰어나 어디 하나 나무랄 곳이 없는 아름다운 소년이 되었다.

뿐만 아니라 소년은 한 번 들은 일은 무엇이든지 잊어 버리는 법이 없었으며, 12세에 화엄경을 모두 외우고 스님 못지 않게 강설을 잘하였다.

그리하여 20세가 되던 생일에 지리산 화엄사에 출가하여 열심히 수행한 결과, 학덕이 높은 큰 스님이 되어 이 나라 불교 포교에 지대한 업적을 남겼다고 한다.

16. 스님과 신선의 바둑 내기

옛날 어떤 스님이 신선들이 노는 곳으로 가서 신선들에게 불도(佛道)를 닦으라고 포교를 하였다. 바둑을 두며 한가로이 놀던 신선들은 스님의 말을 귀담아들으려 하지 않았다.

그래서 스님은 신선들에게 바둑 내기를 하자고 했다. 만일 신선들이 이기면 스님은 불도를 포기하고 신선의 선도(仙道)를 닦고, 만일 신선들이 지면 그들이 불도(佛道)를 따르기로 하였다.

스님이 바둑 두는 것을 한 번도 보지 못한 신선들은 자신만만하게 스님과 대국하였다.

스님을 깔보고 대수롭지 않게 두었는데 바둑이 반쯤 진행되었을 때 정신을 차려 보니 신선의 바둑알이 몰살할 지경에 놓여 있었다.

신선은 다시 정신을 가다듬고 혼신의 정력을 다해서 두었는데도 끝내 한 집 차이로 지고 말았다.

두번째 대국이 시작되었다. 신선은 이번에는 지지 않으려고 처음부터 정신을 가다듬고 열심히 두었는데도 결과는 두 집 차이로 지고 말았다. 세번째 대국에서는 세 집 차이로 신선이 지고 말았다. 그리하여 신선은 스님에게 굴복하고 모두 부처의 말씀을 받들어 열심히 불도를 닦았다고 한다. 그 스님은 다름 아닌 문수 보살의 화신이었던 것이다.

17. 구품상생도(九品上生圖)

극락 세계에는 아홉 단계가 있다고 한다.

중생들은 사후에 이 세상에서 지은 선업(善業)의 정도에 따라 아홉 단계로 구분되어 있는 극락 어느 한곳에 왕생하게 되는 것이다.

그러한 극락 가운데 구품상생(九品上生)이라 하면 극락 세계 구품 가운데에서도 가장 훌륭한 극락을 말하는 것이다.

이 극락에 왕생하려면 지성심(至誠心)·심심(深心)·회향발원심(廻向發願心)을 가지고 자비심으로 살생을 하지 않고, 5계·10계를 잘 지키며 대승경전(大乘經典)을 늘 독송하여 진여(眞如)의 이치를 깨치는 사람이라야 구품상생에 왕생할 수 있다고 한다. 구품상생에 왕생할 사람이 죽으면 부처와 보살들이 마중을 나와 그들을 인도해서 그들이 다시 태어나는 극락으로 편안하게 인도해 준다.

그리하여 그들은 거기서 늘 불도를 닦고 안락한 생활을 하면서 오묘한 우주 대자연의 이치와 부처의 참뜻을 깨닫고, 시방(十方) 세계의 모든 부처의 정토에 가서 지내며 미래에 다음 세상에서 성불할 수기(授記)를 받는다.

벽화 그림에서 멀리 연꽃과 구름 속에 아련히 보이는 곳이 구품상생의 극락 세계이다.

18. 무인도에 버려진 형제

아승지겁의 옛날에 남인도 마열바질이라는 나라에 장나(長那)라는 장자가 있었다.

그는 마나사라라는 아름다운 여자를 아내로 맞이하여 사이좋게 잘 살았는데, 나이가 많도록 슬하에 자식이 없는 것이 불만이었다. 그래서 항상 천신에게 기도하며 아들을 낳게 해달라고 빌었다.

그랬더니 감응이 있어서 마나사라 부인은 곧 잉태해서 달덩이 같은 아들을 하나 낳았고, 그 뒤 삼 년 만에 또 아들 하나를 낳았다.

장자는 너무나 기뻐서 곧 바라문 관상가를 불러 아들의 장래를 감정해 달라고 부탁하였다. 관상가는 두 아들의 관상을 살펴보고 다음과 같이 말하였다.

"이 두 아이는 용모도 단정하고 여러 가지 묘한 실상을 갖추었으나 부모와의 인연이 박해서 어려서 부모를 여의게 될 운명입니다."
 장자는 조금 슬펐으나 그들을 더욱 사랑하고, 형을 조리(早離), 동생을 속리(速離)라고 이름지었다.
 세월은 흘러 형 조리가 여덟 살, 동생 속리가 다섯 살 되던 8월에 마나사라 부인은 몹쓸 병에 걸렸다. 장자는 온갖 좋은 약을 구해다가 간병을 했으나 부인의 병은 더욱 깊어져서 임종을 맞이하게 되었다.
 부인은 두 아들을 불러 놓고, 자신이 죽은 뒤에라도 아버지에게 극진히 효도를 다하고 꼭 착한 사람이 되어야 된다는 말을 남기고 세상을 떠났다.
 두 아들과 장자의 슬픔은 이만 저만이 아니었다.
 초상을 치르고 세월이 흘러서 장자의 친구들이 살림을 맡아서 할 새 배우자를 주선하게 되었는데, 그 근방에 사는 비라장자(比羅長者)의 딸이 새 아내가 되었다.
 그녀는 용모와 자태가 죽은 마나사라 부인과 많이 닮았으므로 아이들은 그를 친어머니처럼 잘 따랐고 계모도 아이들을 잘 보살펴서 집안은 다시 평온을 찾았다.
 그런데 어느 해 큰 흉년이 들어 들판의 곡식이 모두 말라 죽자 양식이 떨어져서 온 동네 사람들이 굶어 죽게 되었다. 장자는 아들과 새 아내를 남겨 둔 채 배를 타고 먼 나라로 곡식을 구하러 갔다.
 장자가 떠나자 계모는 갑자기 나쁜 생각을 했다.
 '만일 장자가 돌아오지 않는다면 아이들을 어떻게 키울 것인가. 또 돈을 많이 벌어서 돌아온다고 해도 내가 낳은 자식은 서자 취급당하고 저 애들에게만 상속될 것이니 차라리 저 애들을 죽여 버리자.'
 계모는 두 아이들에게 "애들아! 저 남쪽으로 배를 타고 가면 큰 섬 하나가 있는데, 그 섬에는 기이한 화초도 많고 좋은 과실도 많으니 함께 소풍을 가자."라고 꾀어서 그들을 외딴 섬에 유괴해 버렸다.

그 섬은 무인도라서 먹을 것도 마실 물도 없었다.

그들은 해변에 흩어진 미역을 주워 먹었으나 그것마저 다 먹어 버리고 더 이상 먹을 것이 없게 되었다. 그러나 조리는 마음속으로 '어떻게 해서라도 꼭 살아서 아버지에게 효도를 해야겠다.'라고 다짐했다. 그러나 기갈과 추위는 그들을 오래 견딜 수 없게 했다.

조리는 속리에게 "우리가 죽을 시간이 다가왔지만 정신이나 차리고 죽자. 우리가 여기서 죽더라도 우리의 혼은 성현이 되고 보살이 되자."라고 하면서, 비록 서투르기는 하지만 서른두 가지의 원(관세음 보살 32대원)을 세운 다음 이것을 상의에 혈서로 써서 나뭇가지에 걸어 놓고 죽었다.

한편 장자는 단나라산(檀那羅山)에 가서 진두감과(鎭頭甘果)를 낙타와 말과 코끼리에 많이 싣고 집으로 돌아왔다.

그런데 누구보다도 먼저 뛰어나와야 할 두 아들이 보이지 않았다.

계모는 천연덕스럽게 두 아들이 실종되었다고 했다.

장자는 아들의 행방을 알려 주는 사람에게는 자기가 가진 물건의 반을 주겠다고 공고했다.

어느 날 한 노인이 계모가 두 아들을 무인도에 데려가는 것을 봤다고 알려 주었다. 장자는 미친 듯이 그 섬으로 달려가서 목이 터지도록 아들의 이름을 불렀다. 그러나 거기에는 까마귀와 까치의 밥이

된 불쌍한 두 아들의 썩은 사체만이 남아 있었다.
　장자는 자식의 유해를 확인하고 그 자리에 쓰러져 한없이 울었다. 그러다가 햇볕에 바래져서 희미해진 조리의 혈서를 발견했다. 장자는 정신을 차리고 읽어 가는 순간 자신도 모르는 사이에 도심(道心)이 생겨났고, 아들의 간절한 소원을 다 읽은 다음 하늘을 우러러보며
　"원컨대 나도 모든 악한 중생을 제도하고 조속히 불도를 이루오리다."라고 발원하고 오백 가지의 대원을 세웠다.
　장자는 계모가 저지른 악독한 소행을 전생에 자기가 지은 업인(業因)으로 생각하고 오히려 악독한 계모를 불쌍하게 여겼다.
　조리는 관세음 보살의 전생이고 속리는 대세지 보살의 전생이라고 한다.

『관세음본원경』

19. 불도(佛道)를 닦는 신선들

　늙지 않고 살며 마음대로 변화를 일으키는 신통한 능력을 지닌 신선이 되는 것은 고대인들의 이상이었다. 복잡한 속세를 떠나 선계(仙界)에 살며 항상 젊음을 유지한 채 장생불사한다는 신선(神仙)의 존재를 믿어 왔다.
　사람은 누구나 한번 태어나면 반드시 늙어서 죽게 마련이지만, 그러한 숙명에서 벗어나 젊게 오래 살기를 바라는 마음은 누구나 갖고 있는 꿈이고 욕심이다. 그러한 마음이 확대되어 불로장생을 갈구하는 신선 사상이 형성되기에 이르렀다. 그리하여 그 사상이 좀더 구체화되고 체계화되어 생겨난 것이 도교(道敎)이다.

도교에서 받드는 신들은 매우 잡다할 뿐만 아니라 시대에 따라서 새로이 생기기도 하고 또한 없어지기도 하였다.

그러나 일반적으로 가장 널리 받들어지는 신에는 원시천존(原始天尊) 또는 옥황상제(玉皇上帝)가 있고, 또한 이들이 변신한 무형천존(無形天尊)·무시천존(無始天尊)·범형천존(梵形天尊) 등이 있다.

뿐만 아니라 교조인 노자(老子), 즉 노군(老君)도 원시천존의 화신이라고 믿어진다.

그 밖에도 북극성(北極星)의 변신인 현천상제(玄天上帝)·문창제군(文昌帝君)·후토(后土)·성황신(城隍神)·화합신(和合神)·삼관(三官)·

재신(財神)·개격신(開格神)·태산신(泰山神)·산신(山神) 등 수많은 신들에게 제사지낸다.

뿐만 아니라 불교가 도교를 포용하고 불교 속에 신선이 들어온 이후에는 도교에서 믿는 신들이 모두 불교의 부처와 불교가 숭배하는 보살들을 모두 받들게 되었다.

다시 말하면 신들이 불제자가 된 것이다.

그리하여 사찰의 벽화에 많은 신선들이 나타나게 되었고, 늘 한가로이 바둑만 두던 신선들이 경서를 읽고 불경을 공부하는 모습으로 등장하게 되었다.

불교의 다신 사상은 도교의 사상과 별로 큰 충돌이 없었고, 불로장생한다는 영생 사상도 불교의 불생불멸의 사상과 일맥상통해서, 불교의 무한한 교리 속의 일부로서 포용된 것으로 보인다.

불교가 도교를 수용한 것은 불교 교단의 입장에서 볼 때 교세 확장이 바람직했기 때문에 자연스럽게 이루어진 것으로 보인다.

그래서 사찰 벽화에 등장하는 신선들은 한가로이 자연을 바라보며 명상에 잠겨 있는 모습, 사경을 하는 모습, 불경을 공부하는 모습 등 여러 가지로 표현된다.

그러나 너무나 다양한 모습으로 표현되기 때문에 그 하나 하나의 모습에 대한 설화를 발견하기가 어렵다.

머리를 기르고 한가로이 앉아 있는 편안한 노인상은 대부분 신선이라고 보면 틀림없을 것이다.

20. 다자탑전 반분좌(多子塔前半分座)

불교 경전에는, 여러 사람의 동명이인인 가섭존자가 있다. 그러나 이 이야기에서 말하는 가섭은 '마하가섭', 즉 '대가섭'을 말한다는 것을 우선 밝혀 둔다.

가섭은 범어로는 가섭파(迦葉波)이고, 중국어로 번역하면 음광(飮光)이라고 하니, 이는 온몸에 황금빛 광채가 나는 사람이라는 뜻이다.

출생지는 마갈타국이고, 출신 종족은 바라문이며, 부친은 음택(陰澤), 모친은 향지(香至)라고 한다.

인연설에 의하면, 그는 과거세에 비파시불의 금색 사리탑이 파괴된 것을 보고, 한 가난한 여인과 함께 이를 수리한 공덕에 따라 91겁을 신체에 금색을 띠게 되었고, 그 여인도 또한 금색 몸을 얻어 세세생생 가섭의 아내가 되어 살게 되었다고 한다.

세존 당시에는 가섭 부부는 다 출가하여 처는 금광비구니라는 말을 듣고, 가섭은 금색두타라는 호를 들었는데, 가섭은 10대 제자 중의 으뜸가는 사람이었다.

가섭은 늘 열심히 공부를 하였으며, '두타 제일'이라고 일컫는 그는 누구도 따를 수 없는 고행의 수도를 항상 열심히 수행하였기 때문에, 석존과는 항상 멀리 떨어져서 살고 있었다.

이와 같이 두타행*을 힘쓰는 '가섭'은 어느 날 불타가 설하는 무상대법을 듣기 위하여 부처님이 계신 곳으로 갔더니, 부처님께서,

* 두타는 고행을 뜻하며, 12두타가 있다. 이것은 모두 보통 사람으로서는 행하기 어려운 고행(苦行)이다.

"가섭아! 잘 왔도다." 하시며 앉으셨던 자리를 반 나누어 주시며, 부처님과 같이 나란히 앉도록 하셨다.

이를 본 대중들은 모두 크게 놀라며 또한 의아해하였다. 뒤늦게 온 초신제자(初新弟子)를 사자좌인 불좌(佛座)에 불타(佛陀)와 나란히 앉게 하시니, 대중이 놀라며 의아하게 생각하는 것도 무리가 아니다.

그러나 불타는 이를 미리 아시고 가섭의 수행이 많음을 순순히 말씀하셨다.

불타께서 가섭에게 자리를 나누어 주신 것은 선종(禪宗)뿐만 아니라 불교 사상 최초의 전심(傳心)이며, 이를 이름하여 '다자탑전반분좌(多子塔前半分座)'라 하고 삼처전심(三處傳心)의 제일전심이며, 환언하면 법계평등을 명시하신 아주 중요한 사건의 하나이다.

21. 관세음 보살님의 도움

옛날 중국 진나라 때, 산동 지방에 서영(徐榮)이라는 사람이 있었다.

한때 동양(東陽) 땅에 갔다가 정산(定山)이라는 곳으로 돌아오는 길에 큰 강물을 배를 타고 건너게 되었다.

그런데 뱃사공이 수로를 잘 몰라서 그만 급류에 휩쓸려 뱅뱅 도는 소용돌이 들어가서, 배가 침몰할 위기에 이르게 되었다.

이때 '서영'은 지극한 정성으로 '관세음 보살'의 명호를 일념으로 불렀더니, 별안간 어디서인지 수십 명의 힘을 합한 듯한 큰 힘이 배를 끌고 잡아당기는 소리가 나더니, 배는 소용돌이 속에서 빠져 나오게 되었다.

위기를 모면한 배는 간신히 강 언덕을 따라 어둠을 헤치고 내려가는데, 밤은 칠을 분간할 수 없으며, 배는 심한 파도에 휩쓸려 다시 엎어질 것만 같았다.

서영은 또 일념으로 '관세음 보살'을 외었더니, 홀연 저편 산머리에서 밝은 불꽃이 일어나 강을 비춰 주니, 그 틈에 배를 돌려 방향을 잡아 저편 언덕으로 무사히 건너가게 되었다.

배가 언덕에 닿자 불꽃도 사라지고 말았다.

그 이튿날 동네 사람들에게 "간밤에 산불을 보았느냐?" 하고 물으니, 모두 "모른다." 할 뿐만 아니라, 그런 사실이 전혀 없었다고 한다.

그러고 보니 이는 곧 '서영'이 지극한 마음으로 관세음 보살을 염송한 탓으로 '관세음 보살'께서 베풀어 주신 은혜라고 생각된다.

22. 독룡(毒龍)을 길들인 부처님

부처님께서 성도하신 지 얼마되지 않았을 때, 나이란자나 강변에 있는 우루벨라에는 카사파라는 성을 가진 바라문 삼 형제가 있었다.

그들은 불(火)의 신 아그니를 섬기는 배화교의 영도자로서, 당시 그들의 영향력은 만만치가 않았고, 1,000명의 제자를 거느리고 있었다.

어느 날 부처님은 이들 삼 형제를 찾아가셨다.

그들도 부처님의 명망을 들었음으로 정중히 대하였지만, 속으로는 자기들의 교단에 불온한 침입자일 수도 있다는 경계심으로 긴장하였다.

그들은 불의 신의 위력을 말하였다. 그리고 신 앞에 굴복해야 한다는 것을 강조하였는데, 그 태도와 말씨는 날카롭고 맹렬하였다.

이에 대하여 부처님은 시종 평화로운 얼굴에 부드러운 미소를 지으며, 자비와 지혜에 역점을 두고 말씀하셨다.

"여러분, 우리는 우리 스스로가 주인이 되어야 합니다. 어느 신에게 매여서 지낸다는 것은 굴종(屈從)의 굴레를 쓰는 것입니다. 우리가 만약 고통에서 벗어나려면, 모든 얽매인 것에서 풀려나야 합니다. 우리가 평화롭게 살려면 자비와 지혜의 길을 걸어야 합니다."

부처님은 조금도 꾸밈이 없는 자연스럽고도 자신에 찬 말씀을 하셨다.

카사파는 여러 제자들 앞에서 자신의 빛이 파묻혔음을 의식하고, 당황하여 부처님께 대들듯 말하였다.

"당신은 지금 자비 앞에는 적이 없다고 말하였소. 그리고 자신은 자비만을 행하는 사람인 것처럼 말하였소. 당신이 참으로 그

말과 같다면, 당신을 해하는 것은 세상에 없어야 할 것이요. 이를테면 어떠한 맹수도 독사도 당신을 해하는 일이 없어야 할 것이요."

부처님은 태연히 대답하였다.

"그렇소, 내 마음에 자비만이 가득 차고 내 행동에 자비만이 나타난다면, 어떠한 것도 나를 해하지 않아야 할 것이오."

"그러면 당신은 당신의 그 위대한 자비의 힘을 실제로 우리에게 보여 줄 수 있겠소? 여기에는 화신(火神)께 올리는 제구를 두는 굴이 있소. 이 굴 속에는 독룡과 독사가 우글거리오. 당신은 이 굴 속에서 하룻밤을 지낼 수 있겠소?"

부처님은 카사파의 이 제의를 묵묵히 승낙하시고, 그 굴 속에서 하룻밤을 지내셨다. 굴 문에서 파수 보던 카사파의 무리들은 놀랬다. 부처님의 몸은 온통 달무리와 같은 빛으로 둘러싸였고, 그 빛으로 하여 밝아진 굴 안에는 독사와 독룡들이 모두 부처님 앞에 곱게 엎드려 있는 것을 보았기 때문이다.

다음날 아침 부처님께서는 신통력을 잃고 얌전해진 독룡을 바릿대에 담아 카사파에게 주었다.

카사파 삼 형제는 드디어 부처님 앞에 무릎을 꿇었다. 그리하여 지금까지 섬겨 오던 화신을 버린 후, 당장 부처님의 제자가 되었다.

그렇게 되니, 그들을 스승으로 받들던 천 명의 제자들도 따라서 부처님께 귀의하였다.

23. 조개 속에 나타난 관세음 보살

지금으로부터 약 1,300년(서기 669년) 전의 일이다.

중국의 당나라 문종 황제(文宗皇帝)는 불도에 귀의하여 신심이 놀라운 분이었다. 틈만 있으면 큰 사찰에 가서 부처님께 예배는 물론 재를 베풀어 대중공양도 하고, 큰스님을 청하여 설법을 듣기도 하였다.

그리고 내전(內殿)에 불당을 따로 정하여 놓고 관음상을 모신 뒤에 조석으로 예배하여 기도를 올리고, 불도 공부에 특별하게 관심을 가졌다.

종남산(終南山)에 있는 유정 선사(惟政禪師)를 청하여 화엄경의 강설도 듣고 법화경의 학설도 들어 불교에 관한 조예가 깊었다.

황제가 불교에 귀의한 뒤로부터 어육(魚肉)의 반찬을 멀리하고 채소 반찬으로써 식사를 하여 왔는데, 그 가운데 조개만은 특별히 입맛을 돋우었기에 쉽게 끊을 수가 없었다.

다른 고기 반찬 즉, 수육이라든지 강물이나 바다에서 나는 생선 같은 것은 먹고 싶은 생각이 없어졌는데, 유독 조개만은 끊을 수가 없었다.

작은 조개는 국도 끓여 먹고 볶아 먹기도 하고, 혹은 날 조개를 쪼개서 양념을 하여 먹기도 하였다. 그런데 어느 날 아침에 수라상에 조개를 지져 올렸는데, 조개 껍데기가 벌어진 것을 하나하나 뜯어서 살을 떼어 초장에 찍어 먹는 맛이 보통이 아니었다.

그런데 그 가운데 껍데기가 벌어지지 않은 놈이 있었다. 젓가락으로 아무리 뒤적거려도 껍데기가 열리지 않았다. 그래서 황제는 손으로 집어서 힘을 들여 쪼갰더니 '짝' 소리가 나며 쪼개졌다. 그런데 이게 웬 조화인지 조개의 살점이 갑자기 변하여 관세음 보살이 되어 환한 빛을 비추는 것이었다.

그 순간 황제는 깊게 깨달은 바가 있었다.

관세음 보살이 조개 속에서 나타난 것은, 황제가 아직도 다른 육식은 모두 끊으면서도 유독 조개의 살생만은 버리지 못한 것을 깨우쳐 주기 위함으로 받아 드렸다.

그리고 그 이후 조개까지도 먹지 않고 오직 일념으로 부처님의 가르침을 따라 나라를 잘 다스려 나갔다.

24. 구정(九鼎) 스님의 구도심

아주 옛날, 비단 행상으로 하루하루를 살아가는 효성이 지극한 청년이 있었다.

어느 날 비단 짐을 짊어지고 강원도 대관령 고개를 넘어가다가 고갯마루에서 잠시 쉬고 있던 그는 이상한 노스님을 만나게 되었다.

누더기를 입은 노스님은 길 옆 풀숲에 서서, 한참 동안 꼼짝을 않는 것이었다. 청년은 궁금했다.

'왜 저렇게 서 있을까? 소변을 보는 것도 아니고, 거참 이상한 노릇이네.'

한참을 바라보던 청년은 궁금증을 견디지 못해, 노스님 곁으로 다가갔다.

"스님! 아까부터 여기서 무얼 하고 계십니까?"

노스님은 청년이 재차 묻자, 얼굴에 자비로운 미소를 띠며 말을 했다.

"잠시 중생들에게 공양을 시키고 있는 중이라네."

"이렇게 꼼짝도 않고 서 있기만 한데, 중생들에게 공양을 시키다니 도무지 알 수가 없는 말이로군요. 어떤 중생들에게 무슨 공양을 베푸십니까?"

"옷 속에 있는 이와 벼룩에게 피를 먹이고 있네."

"그런데 왜 그렇게 꼼짝도 않고 서 계십니까?"

"내가 움직이면 이나 벼룩이 피를 빨아먹는 데 불편할 것이 아닌가."

스님의 말을 들은 청년은 큰 감동을 받았다. 청년은 비단장수를 그만두고, 스님을 따라가 제자가 되고 싶은 생각이 들었다. 청년은 스님의 뒤를 따라 오대산 동대 관음암에 도착하였다. 스님은 청년을 돌아보며 말했다.

"그대는 어인 일로 날 따라왔는고?"

"저는 비단을 팔아 하루하루를 살아가는 비단장수입니다. 오늘 스님의 인자하신 용모와 자비행을 보고, 문득 저도 수도(修道)하고 싶은 생각이 일어나서 이렇게 쫓아왔습니다. 부디 제자로 받아주십시오."

청년은 간곡히 청했다.

"네가 수도승이 되겠단 말이지. 그렇다면 시키는 대로 무슨 일이든지 다할 수 있겠느냐?"

"예."

청년의 결심이 굳은 것을 확인한 노스님은 그의 출가를 허락했다.

다음 날 아침, 스님은 새로 들어온 행자(비단장수 청년)를 가까이 불렀다.

"오늘 중으로 부엌에 있는 저 큰 가마솥을 옮겨 새로 걸도록 해라."

청년은 흑을 파다 짚을 섞어 이긴 후 솥을 새로 걸었다. 한낮이 기울어서야 일이 끝났다.

"스님, 솥을 다 걸었습니다."

"오냐, 알았다."

스님을 점검을 하시려는 듯 부엌에 들어가셨다.

"걸긴 잘 걸었다만, 이 아궁이엔 이 솥이 너무 커서 별로 필요치 않을 것 같으니, 저쪽 아궁이로 옮겨 걸도록 해라."고 말씀하셨다.

청년은 한마디 불평도 없이 스님이 시킨 대로 솥을 떼어 옆 아궁이에 다시 걸기 시작했다. 솥을 다 걸고 부뚜막을 곱게 매흙질하고 있는데, 노스님이 기척도 없이 불쑥 부엌에 나타나셨다.

"이 녀석아, 이걸 솥이라고 걸어 놓은 거야. 한쪽으로 틀어졌으니 다시 걸도록 하여라."

노스님은 짚고 있던 석장으로 솥을 밀어 내려앉혀 놓았다.

청년이 보기엔 전혀 틀어진 곳이 없었지만, 스님께서 다시 하라는 분부를 받았으므로, 그는 불평 한마디 없이 새로 솥을 걸었다. 그렇게 솥을 옮겨 걸고 허물어 다시 걸기를 9번을 반복했다.

드디어 노스님은 청년의 굳은 결심과 구도심을 인정했다. 그러고는 솥을 9번 고쳐 걸었다는 뜻에서, 구정(九鼎)이란 법명을 내렸다.

법명을 받은 구정 스님은 그 길로 고향의 어머님께 달려가 자초지종을 말씀드렸다. 아들의 이야기를 다 들은 노모는 아들의

손을 꼭 잡고는 기쁨의 눈물을 흘리며 큰스님이 되라고 격려했다.
 그 길로 집을 떠나 산으로 돌아온 구정 스님은 뒷날 크게 명성을 떨친 구정 선사가 되었고, 스님의 수행은 오늘에도 입산 출가자들의 귀감이 되고 있다.

25. 천룡(天龍) 화상의 법손과 구지 화상(俱胝和尙)

옛날 구지 화상이 암자에 살고 있을 때, 실제(實際)라고 하는 비구니가 삿갓을 쓰고 찾아와서 주장자를 들고, 대사를 세 번 돌고 난 뒤에 말하였다.
"바로 말하면 삿갓을 벗으리다."
대사가 아무 말을 하지 않자, 비구니는 그대로 떠나려 했다. 이 때 대사가 말했다.
"해가 이미 저물었으니 하룻밤 묵어 가라."
"바로 말하면 자고 가겠소."
그러나 대사가 대답을 안 하자, 비구니는 떠났다. 비구니가 떠난 다음 탄식하여 말하기를,
"나는 비록 대장부의 형체를 갖추었으나 대장부의 기개가 없다." 하면서 암자를 버리고 떠나려 했다. 그런데 그날 밤 산신이 나타나서,
"이 산을 떠나지 마시오. 오래지 않아 큰 보살이 와서 화상에게 설법을 해주실 것이오." 하였다.
과연 다음 날 불일(佛日)에 천룡(天龍) 화상이 암자에 오기에, 앞의 이야기를 자세히 하니, 천룡(天龍)이 한 손가락을 세워 보이니, 대사가 당장에 깨달았다.
이로부터 배우는 스님이 오면, 대사는 말 대신 손가락 하나만을 세울 뿐, 따로 말하는 일이 없었다.
대사는 동자 하나를 데리고 있었는데, 밖에 나갔다가 힐난을 받았다.
"화상께서 어떤 법을 말씀하시던가?"

사람들이 동자에게 묻자, 동자는 손가락을 세워 보이고 돌아와서 대사께 말하니, 대사가 칼로 동자의 손가락을 끊어 버렸다.

동자가 펄펄 뛰면서 달아나는 것을 대사가 큰 소리로 한마디 부르니, 동자가 돌아다보았다. 대사가 손가락을 세우니, 동자가 그때 확연히 깨달았다.

대사가 세상을 떠나려 할 때 대중에게 말하기를,

"내가 천룡(天龍)의 한 손가락 설법을 받고서, 일생 동안 써도 다하지 못하였다."라고 하는 말을 마치자, 열반에 들어갔다.

마지막 이야기

불화 상식

불화(佛畵) 상식

　불교의 종교적인 이념을 포함한 그림, 즉 불교 회화(佛敎繪畵)를 줄여서 불화(佛畵)라고 한다.
　좁은 의미로서 불화는 절의 법당이나 기타 정각 안에 모셔 놓고 예배하는 존상화(尊像畵)를 말하지만, 넓은 의미로는 불교 신자나 이교도들을 교화하기 위해서 그린 여러 가지 그림과 단청까지도 이에 포함된다.
　불화의 기원에 대해서는 언제부터 발생했는지 정확하게 알 수 없으나, 불교 조각과 마찬가지로 불교의 성립과 비슷한 시기에 발생된 것으로 추측된다. 그러나 초기의 작품으로서 현재 남아 있는 것은 전혀 없다.
　하지만 초기 불교 사원에 여러 가지 그림이 그려져 있었다는 사실은 여러 경전 속에서 엿볼 수 있으므로 불화가 아득한 옛날부터 있었음을 알 수 있다. 근본설일체유부비나야잡사(根本說一切有部毘那耶雜事)라는 경전 속에 최초의 사원인 기원정사(祇園精舍)에는 건물의 용도에 따라 불화를 그려서 장식하였다고 하는 기록이 있다.

마지막 이야기 · 불화 상식 307

단청도 넓은 의미로는 불화이다.

연꽃으로 단청한 벽면

단청에 이용된 연꽃 무늬

단청에 이용된
구름 무늬

　용도에 따라 사찰의 불화를 구별하면 다음과 같은 세 갈래로 구분된다.
　① 사원을 장식하는 장엄용(莊嚴用)
　② 교리를 쉽게 전달하는 교화용(敎化用)
　③ 의식이나 예배를 위한 예배용(禮拜用)

　그러나 이러한 구분은 엄격히 분리된 것이 아니고 그 용도가 서로 중복되고 있다.
　장엄용 불화의 대표적인 예는 천장이나 기둥, 벽면에 그려진 단청과 벽화(壁畵)들이다. 벽면을 장식하기 위해서 꽃이나 여러 가지 식물, 풍경 등을 그리는 경우도 많다.

　또한 새와 짐승들의 그림을 그리는 경우도 많은데, 이들 그림 중에는 특별한 의미를 지닌 것도 있고, 혹은 단순히 건물의 미화를 위해서 그린 것도 있다.

마지막 이야기 · 불화 상식 309

벽면을 장식하기 위한
꽃 그림
(특별한 뜻을 담고
있지는 않다)

전각을 장식하기
위한 새 그림

교화용 불화로는 본생도나 설화적인 그림이 많이 그려진다.

팔상도(八相圖)를 위주로 해서 지옥변(地獄變), 아미타래영도(阿彌陀來迎圖), 미륵래영도(彌勒來迎圖), 영산회상도(靈山會相圖), 심우도(尋牛圖), 부모은중경도(父母恩重經圖) 등은 여기에 속한다.

특히 경변상도(經變相圖)들은 교화용 불화의 으뜸으로 꼽힌다.

벽화를 그리고 있는 사람들

작업 중인 미완성의 법화변상도(법륜사)

예배용 불화 역시 단순히 예배만을 목적으로 사용하는 경우는 드물고 본존불상을 보조하는 장엄적·교화적 역할도 겸하고 있다.

다만 야외 법회인 경우에는 사용하는 괘불 등이 순수한 예배용이라 할 수 있다.

벽화 작업 현장에서
화가 임선빈 화백과 저자

이상의 세 가지 이외에도 불화는 그림을 그리는 주제에 따라 다양한 종류가 있다.

뿐만 아니라 후불 탱화나 만다라(漫茶羅) 등에는 심오하고 복잡한 불교 교리가 담겨 있어서 그것만을 전문적으로 연구해도 이해하기 어려우며 전문적인 지식이 요구된다.

후불 탱화(영상회상도)

신중 탱화

마지막 이야기 · 불화 상식 313

나한 탱화(나한들의 모습과 그들의 신통력을 묘사한 탱화)

조사 진영(역사상 유명한
화상이나 그 사찰이 배출한
화상의 진영)

불화를 주제에 따라 분류해 보면 불화(佛畵)·보살화(菩薩畵)·나한화(羅漢畵)·조사화(祖師畵)·신중화(神衆畵) 등으로 크게 나눌 수 있고, 이를 다시 세분하면 다음과 같다.

영산회상도(靈山會相圖)
    ··· 법화경(法華經)의 변상(變相)을 압축하여 묘사한 그림.

팔상도(八相圖)
    ··· 부처의 전기를 회화화(繪畵化)한 그림.

비로차나불화(毘盧遮那佛畵)
    ··· 비로차나불을 모신 전각의 그림.

아미타불화(阿彌陀佛畵)
    ··· 극락전 아미타불 뒤에 모셔진 그림.

약사여래불화(藥師如來佛畵)
    ··· 약사전에 모셔진 그림.

오십삼불화(五十三佛畵)
    ··· 보광불에서 상만왕불까지의 53불을 그린 불화.

천불화(千佛畵)
    ··· 과거·현재·미래의 불을 그린 그림.

관세음보살화(觀世音菩薩畵)
    ··· 원통전의 후불화.

나한도(羅漢圖)
    ··· 나한들의 모습과 그들의 신통력을 그린 그림.

조사도(祖師圖)
    ··· 유명한 조사들의 영정.

제석신중도(帝釋神衆圖)
    ··· 불법의 외호중(外護衆)들의 그림.

지장지옥도(地藏地獄圖)
　　… 지옥의 장면이 묘사된 그림.
칠성탱화(七星幀畵)
　　… 칠성 신앙에서 비롯된 그림.
산신도(山神圖)
　　… 산신령에 관한 그림.
용신도(龍神圖)
　　… 용왕 등을 그린 그림.
심우도(尋牛圖)
　　… 신성을 닦아가는 과정을 소를 찾는 과정에 비유해서 그린 그림.

　각 사찰마다 많은 벽화가 그려져 있지만 자세히 살펴보면 개성은 다르나 같은 주제를 다루고 있는 비슷한 그림이 많으며, 그 대략적인 분류는 앞서 언급한 바와 같다.
　본서는 그중에서도 사찰 벽면에 그려진 벽화만을 집중적으로 다루고 있다. 앞으로 사찰을 찾는 독자들의 많은 관심이 여기에 모아졌으면 하는 것이 필자의 바람이다. 사찰을 다녀가면서 불화에 여러 가지로 궁금증을 품었던 분들에게 참고가 된다면 큰 보람으로 생각하겠다.

□ 참고 문헌

《佛敎說話全集》 정비석, 한국불교출판국
《佛敎說話大辭典》 한정섭, 이화문화사
《父母恩重經》 법보사
《華嚴經》 민족사
《한국사찰에 얽힌 이야기》 정영진, 보경문화사
《觀音經講話》 보성사
《三國遺事》 김두봉 편저, 교문사
《佛敎聖典》 山口 益, 일본 평락사서점
《한국민족문화대백과》 한국정신문화연구원
《人生十二進法》 정다운, 밀알
《佛敎學大辭典》 전관응 감수, 홍법원
《예불하는 마음에 자비를》 권영한, 전원문화사
《南無妙法蓮花經》 위음왕
《원색세계대백과사전》 동아출판사
《現代人のための佛敎》 강담사현대신서 平川彰

지은이 청남 권영한

- 1931년 경북 안동 출생
- 연세대학 이공대 졸업
- 안동중학, 안동여중고, 경안중학교 근무
- 止上會(周易研究會) 회장 역임
- 덕은불교대학 교수
- 안동수필문학회 회원

■ 주요 저서
- 재미있는 꽃이야기
- 예불하는 마음에 자비를
- 우리 사찰의 벽화 이야기
- 한국 사찰의 주련 1, 2, 3
- 사진으로 배우는 관혼상제
- 김삿갓 시집 외 다수

우리 사찰의 벽화 이야기

2022년 4월 20일 중판 발행

편저자 * 권영한

펴낸이 * 남병덕

펴낸곳 * 전원문화사

07689 서울시 강서구 화곡로 43가길 30
      T.02)6735-2100. F.6735-2103
      jwonbook@naver.com

등록 * 1999년 11월 16일 제 1999-053호

      ⓒ 1996, 전원문화사

이 책의 내용은 저작권법에 따라 보호받고 있습니다.
잘못 만들어진 책은 바꾸어 드립니다.